| 행복한 아이, 행복한 부모를 위한 반응육아법 |

가르치지 말고 반응하라

| 행복한 아이, 행복한 부모를 위한 반응육아법 |

가르치지 말고 반응하라

| 김정미 지음 |

추천의 말

반응육아법을 알게 될 한국의 부모들에게

교육열이 뜨거운 한국은 물론 미국에서도 요즘 부모들은 자녀가 정규교육 과정을 성공적으로 이수하고 뛰어난 성취를 이루기 위해 필요한 지식과 능력을 미리 키워 주려는 욕구가 아주 큽니다. 그래서 아이가 태어나자마자 어떻게 효과적으로 가르칠 것인지, 최대한의 발달 능력을 발휘하도록 어떻게 이끌 것인지에 대해 적극적으로 고민합니다. 그런데 그 의욕이 지나친 나머지 교육 도구와 장난감은 물론이고, 심지어는 특성화된 유치원과 심층 프로그램들까지도 '아이를 잘 키우려는 수단'이 아닌 본질이 되어 버린 게 현실입니다.

과거 40년 동안, 아동발달 연구자들은 아동의 발달 잠재력을 극대화하는 데 가장 적합한 경험과 활동을 찾아내고자 노력해 왔습니다. 그 결과, 부모들의 기호에 맞게 만들어진 비싼 장난감, 교구, 또는 특성화된 프로그램은 답이 아니었습니다. 그와 대조적으로 바로 부모 자신이 일상 속에서 아이와 함께하는 경험들이 아이의 발달에 가장 큰 영향을 미친다는 결론을 내렸습니다. 특히 자녀를 배려 깊게 기다려 주고 적절하게 반응하고 아이가 하는 활동을 지지하는 상호작용을 통해 부모와 아이가 함께 많은 시간을 보내게 되는 개인적인 경험들이 중요한 것이었습니다. 이러한 부모 유형은 어린아이들이 생각하고, 이해하고, 그리고 의사소통하는 능력을 최대로 발휘하는 데 성공적이라는 사실이 입증되었습니다. 그뿐만 아니라 더욱 중요한 것은 아이가 성장하려면 행복감, 안정감을 갖는 데 중요한 영향을 미치는 사회·정서 능력을 높이는 데도 효과적이라는 것입니다.

이 책에서 김정미 박사는 부모가 반응적일 때 수반되는 결과와 함께 결정적으로 아동의 발달과 사회·정서 능력을 어떻게 촉진하는지를 잘 설명하고 있습니다. 이 책의 더욱 큰 장점은 부모들을 위한 반응육아법의 의미를 풍부한 사례와 함께 쉽게 풀어 쓰고 있다는 점, 또 아이들의 학습능력 발달과 정서적인 안정을 극대화할 수 있도록 연구를 통해 입증된 실천 사항들이 충실하게 쓰여 있다는 점입니다.

자녀의 잠재력을 최대한 끌어내 유능한 아이로 키우는 데 관심 있는 부모는 물론이고 자녀와 즐겁게 상호작용하며 더불어 좋은 관계를 유지할 수 있는 방법을 알고 싶어 하는 모든 부모에게 이 책을 적극 추천합니다.

제럴드 마호니 (미국 케이스 웨스턴 리저브 대학교 교수)

머리말

아이를 잘 키우려면 가르치지 말고 반응하라

　가르치는 것으로 아이가 모든 것을 알게 할 수 있을까요? 아이를 잘 가르치는 다른 방법은 바로 잘 반응해 주는 겁니다. 누구보다 자녀를 사랑하는 부모 입장에서 쑥쑥 자라나는 아이를 보고 있노라면 '이 아이가 꼭 알아야 하는데', 그리고 '그렇게 해야 하는데' 하는 안타까움이 있습니다. 그러나 부모가 아무리 좋은 생각으로 가르쳐도 아이가 스스로 적극적으로 받아들이지 못한다면 결국 그 성과는 '0%'일 것입니다.

　현명한 부모는 내 아이의 눈에 얼마나 맞추느냐, 그리고 얼마나 빨리 나를 내려놓고 아이에게 능동성의 힘을 키워 주느냐를 빨리 깨닫습니다. 이 사실을 빨리 깨달을수록 부모가 선택한 것을 아이에게 주기 위해 매일 실랑이를 벌이는 성과 없는 육아 전쟁에서 벗어날 수 있습니다. 이때 아이는 스스로 움직이며 말썽쟁이가 아닌 주도적인 아이로 변해 갈 겁니다.

　이제 반응육아로 성과 없는 육아 전쟁에서 벗어나십시오. 아이와 부모가 함께 행복해지는 육아를 시작하시기 바랍니다. 반응육아법은 마호니 교수(케이스 웨스턴 리저브 대학)와 맥도날드 교수(오하이오주립대학)가 개발한 '반응성 교수RT: Responsive Teaching' 이론에 근거했습니다. 마호니 교수는 여러 연구를 통해, 부모와 매우 긍정적인 관계를 유지하고 학교생활에 잘 적응하며 심지어 발달과 지능 면에서도 뛰어난 아이들의 공통적인 특징을 '중심축행동 pivotal behavior'에서 발견했습니다.

　중심축행동을 마호니 교수는 인지, 의사소통, 사회정서 능력 발달에 필요한 16개 개념으로 제시하고 있는데 주도성, 자기조절력, 자신감, 공동주의, 문제해결력 등도 반응육아법에서 밝히는 발달의 중심축행동 중 하나입니다. 그리고 이러한 중심축행동은 바로 부모의 반응적인 양육에 의해 잘 발달됩니다. 아이들은 스스로 주도하고 부모를 쳐다보며 자신의 관심을 공유하고 자신을 표현하는 능력을 타고납니다. 그런데 아이의 행동에 얼마나 적합하게 효과적으로 반응해 주느냐에 따라 아이는 더욱 잠재능력을 꺼내 보이고 발전시켜 갈 수 있지요. 마호니 교수는 부모와 아이가 반응적으로 상호작용하는 방법에 대해 66개 전략으로 설명하고 있습니다. 이 책에서는 '부모 노트'와 '이렇게 해봅시다'에서 12개를 소개하였습니다.

　아무리 전문가나 좋은 프로그램이 있더라도 아이와 계속 함께하는 사람은 바로 부모입니다. 결국 발달에 민감한 시기인 Sensitive Period 영유아 시기에 부모가 일상에서 아이에게 적합하게 반응해 주는 것은 아이의 발달에 매우 중요한 일입니다.

　자녀로부터 1시간이라도 해방되기를 원하는 부모가 되시겠습니까? 24시간 함께 지내는 것이 행복한 부모가 되시겠습니까? 반응육아를 경험한 부모들은 '내 아이가 예뻐요', '이것도 할 줄 아는지 몰랐어요'라고 말합니다. 반응육아를 통해 스스로 잠재능력을 꺼내 놓고 자신을 실현하는 행복한 아이로 키우길 바랍니다. 그리고 편안한 육아 속에서 자녀로 인한 행복감을 경험하시길 바랍니다.

2015년 5월 저자 김정미

※ 이 책은 이전에 출판한 《3세와 7세 사이》의 개정판입니다. 《3세와 7세 사이》의 내용 기반이었던 '반응육아'의 철학과 방법을 충분히 알리기 위해 《가르치지 말고 반응하라》로 제목을 바꾸고 일부 내용을 보완 편집하여 출간한 것입니다.

추천의 말_반응육아법을 알게 될 한국의 부모들에게   004
머리말_아이를 잘 키우려면 가르치지 말고 반응하라   006

Chapter 1
아이와 부모가 함께 행복한 반응육아

01. 아이를 잘 가르치는 또 다른 방법   012
가르치지 말고 반응하라   013
아이의 시선을 따라가며 즉각적으로 반응하라   015
일방통행이 아닌 양방향 소통을 하라   018
첫째, 엄격하게 계획하는 훈련형 부모   021
둘째, 아이를 주도하는 교사형 부모   023
셋째, 아이를 늘 보살피려는 애정형 부모   024
넷째, 아이에게 최선의 부모는 반응형 부모   025

02. 아이는 부모와의 상호작용 속에서 배운다   026
부모는 아이와 하나 주고 하나 받아야 한다   028
의욕이 앞선 부모가 아이의 의욕을 떨어뜨린다   029
아이의 잠재력을 키워 주는 열쇠, 반응육아의 비밀   030

03. 아이가 스스로 시작하도록 부모는 기다려 준다   032
자신감의 씨앗은 일곱 살 이전에   033
부모가 믿고 양보하면 다 얻을 수 있다   036
작은 것을 내어 주고 큰 것을 얻는 지혜   039
가르치지 않을 때 아이는 가장 많이 배운다   040

04. 부모와 함께 할 때 아이는 잘 배운다   043
아이에게 최초, 최고의 선생님은 바로 부모   044
아이가 원하는 것은 부모의 인정과 관심이다   046

Chapter 2
반응적인 부모가 행복한 아이와 부모 관계를 만든다

05. 아이가 주도하면 부모는 따라 준다   050
리더십은 주도성에서 시작된다   052
7세 이전, 주도성이 형성되는 결정적 시기   055
하고 싶은 일을 반복할 때 학습이 된다   058
어떻게 주도적인 아이가 될까?   061
아이들은 왜 게임을 좋아할까?   062
아이는 흥미를 느껴야 집중한다   064

이제부터 목표는 '과정을 즐기는 것'	066
자신감을 뺏으려면 '1등'을 강요하라	069
아이들이 망가진 장난감을 좋아하는 이유	072

06. 아이에게 자신감이 생기도록 부모는 인정하고 믿어 준다 076
부모의 기대가 지나치면 아이는 무력해진다	077
작지만 소중한 '성공의 경험'	082
어떻게 자신감 있는 아이가 될까?	085
윽박지를 거리면 차라리 가르치지 마라	088
아이의 작은 성공을 진심으로 칭찬하라	092

07. 아이가 스스로 감정을 조절하도록 부모가 먼저 감정을 조절한다 085
순한 아이, 까다로운 아이, 더딘 아이	098
내 아이는 마시멜로의 유혹을 참을 수 있을까?	100
아이는 스스로 조절능력을 배운다	104
부모가 공감해 줄 때 아이는 화를 다스린다	107
아이를 말썽쟁이로 만드는 것은 바로 부모	109
까다로운 아이는 힘든 아이일까?	114

08. 긍정적인 아이에게는 신뢰받는 부모가 있다 120
아이가 부모를 거부하는 이유	121
부모가 Yes할 때 아이도 Yes한다	125
아이가 엄마와 눈을 마주칠 때 신뢰는 자란다	129
신뢰는 부모와 아이를 잇는 보이지 않는 탯줄	131
Yes Child로 키우려면 Yes Mom이 되어야 한다	134
첫째, 대화를 Yes로 시작하라	138
둘째, 아이의 능력 범위 안에서 요구하라	139
셋째, 아이의 관심에 주목하라	142
넷째, 아이에게 요구하는 횟수를 줄여라	144

Chapter 3
반응적인 부모가 행복한 아이를 만든다

09. 부모가 반응적일 때, 아이의 인지능력이 발달한다 150
학습 효과를 높이려면 아이의 흥미와 관심을 인정하라	151
아이 방식으로 할 때 아이의 놀이 세계로 초대받는다	153
아이들은 일상 속에서 가장 많이 배운다	156
자발적인 동기가 생겨나는 순간	160
부모는 아이의 임시 지지대	162

10. 부모가 반응적일 때, 아이의 의사소통 능력이 발달한다 166
비언어적인 의사소통이 대화의 시작이다	167

질문을 많이 할수록 아이의 말문은 막힌다	169
'아땅'을 '사탕'으로 고쳐 주지 마라	176
아이의 방식대로 말해 줄 때 말문이 트인다	180
11. 부모가 반응적일 때, 아이의 사회·정서 능력이 발달한다	**186**
부모의 사랑을 표현하는 최고의 방법, 신뢰	187
우울한 엄마 아래 우울한 아이	190
아이의 성향에 부모의 기대를 맞춰라	193
부모를 괴롭히려고 짜증내는 아이는 없다	197
부모가 인정해 줄 때 아이는 자신감을 키운다	200
최상의 조기 교육은 '자신감 키워 주기'	205

Chapter 4
나는 반응적인 부모일까?

12. 자신을 반응적이라고 착각하는 부모들	**210**
허용적인 부모가 반응적인 부모일까?	211
아이에게는 적합한 울타리가 필요하다	214
애정적이면 반응적인 부모일까?	218
아이는 지시하는 부모를 좋아하지 않는다	219
반응적인 부모는 절대로 훈계하지 않을까?	221
훈계는 신뢰 관계에서만 효력이 있다	224
13. 과거의 편견을 버리지 못하는 부모들	**227**
선행학습은 아이의 능력을 향상시킬까?	228
시간이 없어서 아이와 잘 놀아 주지 못한다?	231
결과 중심적인 생각이 1등을 만든다?	233
전문가만이 아이의 인지학습을 향상시킨다?	235
14. 반응적인 부모가 되려면 이렇게 해봅시다	**240**
주도성을 키우기 위해	240
자신감을 키우기 위해	243
긍정적인 아이로 키우기 위해	247
주의집중력을 키우기 위해	249
자발적 동기를 키우기 위해	253
의사소통을 촉진하기 위해	257
신뢰로운 관계를 형성하기 위해	261
자기조절 능력을 키우기 위해	267

반응적 부모 자가 테스트	272
'반응육아법'에 대한 격려와 찬사의 메시지	278

Chapter 1
아이와 부모가 함께 행복한 반응육아

아이를 키우다 보면 '내가 잘 하고 있는 걸까?', '아이를 어떻게 대해야 할지 모르겠다'라는 생각이 들 때가 종종 있을 겁니다. 누구보다 아이를 사랑하지만 하루에도 몇 번씩 아이와 실랑이를 하며 육아 전쟁을 치르다 보면 짜증과 불안이 밀려옵니다. 부모와 아이가 함께 눈을 마주 보고, 행복하게 웃을 수 있는 반응육아를 만나는 순간, 편안하고 행복한 육아를 경험하게 될 것입니다.

01
아이를 잘 가르치는
또 다른 방법

'아이의 능력을 키워 주기 위해서는 아이가 모르는 것을 가르쳐 주어야 한다.'

이 말에 동의하세요?

아마 많은 부모들이 고개를 끄덕일 겁니다.

"당연하지 않아요? 모르는 걸 가르치지 않고서 어떻게 아이의 능력을 향상시킬 수 있겠어요?"

하지만 이 순간부터 생각을 180도 바꿔 보세요. 가르치지 않는 것이 오히려 자녀를 능력 있는 아이로 만드는 방법이라고 말입니다.

"설마요? 어떻게 가르치지 않았는데 아이가 알 수 있을까요?

가능합니다. 왜냐하면 아이는 백지 상태가 아니라 태어날 때부터 이미 많은 능력을 지니고 있기 때문이죠.

가르치지 말고
반응하라

생후 12개월 이전의 아기들을 보면 끊임없이 손을 흔들거나 뭔가를 입으로 가져가고 손가락으로 찔러 보면서 세상과 만납니다. 이것이 과연 무의식적인, 혹은 의미 없는 행동일까요? 아닙니다. 아이들은 태어나면서부터 스스로 세상의 구성요소들을 하나하나 탐색하고 자기만의 방식으로 적용해 보며 차곡차곡 이론을 만들어 가고 있는 것입니다. 단지 아이의 특성에 따라, 그리고 나이에 따라 탐색의 방식이 다를 뿐이죠. 현미경을 통하여 사물의 특성을 알아 가는 것도 탐색이고, 입에 넣어 혀로 느껴지는 질감을 통해 특성을 파악하는 것도 탐색입니다.

어른들은 아이가 보여 주는 그들만의 방식을 주의 깊게 관찰하고 이해하며 그대로 반응해 주면 됩니다. 요컨대 아이의 능력을 키워 주기 위해서는 '부모가 주도해서 가르치는 것'이 아니라 '아이가 주도하는 것에 잘 반응해 주는 것'이 필요합니다.

아이의 주도에 반응하는 부모를 우리는 '반응적인 부모'라고 합니다. 이전까지 모두가 당연시 여겼던 부모, 즉 목표를 성취하기 위해 아이보다 먼저 제시하고 가르치는 '지시적인 부모'와는 완전히 상반되는 의미라고 할 수 있겠죠.

잠시 하던 일을 멈추고 자신을 점검해 보세요.

첫째, 나는 내가 원하는 것보다 아이가 관심을 두는 것을 먼저 생각하는가?

둘째, 나는 아이와 목욕을 하거나 밥을 먹거나 옷을 갈아입는 등 일상의 모든 행위 속에서 아이의 관심과 흥미에 민감한 편인가?

셋째, 나는 아이가 선택한 것을 유지하도록 하고 지지해 주고 촉진해 주며 상호작용을 잘 이끌어 가고 있는가?

이러한 질문에 'Yes'라고 대답할 수 있다면 '반응적인 부모responsive parent'의 조건을 갖췄다고 할 수 있을 겁니다.

'반응성'이란 말은 아이와 부모 사이에 민감하고도 즉각적인 상호작용이 이루어진다는 의미입니다.

아이는 자신이 만들어 낸 행동과 직접 관련된 주제로 활동이 이어질 때 주의집중하고 상호작용에 자발적으로 참여하게 됩니다. 대부분의 부모들은 자녀에게 소리치거나 윽박지르는 대신 재미있게 해주고 다정하게 놀아 주면 잘 대하는 것이라 생각하지만 사실 아이가 먼저 했던 행동과 관련된 주제가 아니라면 둘 사이의 상호작용은 반응적이라 할 수 없습니다. 정리하자면 반응적인 부모와 자녀 사이에서는 '아이가 먼저 만들어 낸 행동 ➡ 그것과 직접 관련된 주제 ➡ 부모와의 상호작용 ➡ 아이가 새롭게 만들어 낸 행동'과 같은 선순환 구조가 잘 유지되고 있다고 할 수 있겠습니다.

아이의 시선을 따라가며
즉각적으로 반응하라

그렇다면 아이가 스스로 많은 행동을 만들어 내게 하려면 어떻게 해야 할까요?

첫째, 아이가 어떤 행동을 한 뒤 부모가 반응하는 사이의 시간 간격이 아주 짧아야 합니다. 아이의 행동을 효과적으로 촉진시키기 위해서는 아이가 어떤 행동을 했을 때 부모의 반응이 즉각적으로 일어나야 한다는 것입니다. 교육학에서는 0.5초 이내의 시간차를 '즉각적'이라고 말합니다. 1초도 안 되는 시간이죠. 그만큼 아이의 행동에 순간적으로, 반사적으로 반응해 주는 것이 중요하다는 얘깁니다.

아이가 스스로 뭔가를 성취한 뒤 "엄마 이것 좀 봐요!"라고 자랑스럽게 부릅니다. 그런데 엄마는 지금 한창 설거지를 하는 중이고, '기다려 봐. 이것만 빨리 끝내 놓고 놀아 줄게'라고 마음속으로 생각하고 아무런 응답 없이 자기 일에만 빠져 있습니다. 그리고 한참 뒤에 엄마가 일을 끝내고 아이에게 다가가 "자, 우리 이제 해볼까?"라고 제안합니다. 하지만 아이의 관심은 이미 떠난 뒤입니다. 또한 자기가 이뤄 낸 성취 역시 아무런 보상도 받지 못한 채 무위에 그치고 말겠죠.

아이가 부모에게 어떤 반응이나 피드백을 요구했을 때 단순하더라도 그 즉시 반응해 주는 것이 중요합니다. 그 순간의 즉각적인 반응은 이후 전문가와 함께하는 1시간의 학습보다 더 효과적이라는 사실을

==알아야 합니다.==

둘째, 부모의 반응은 아이로 하여금 뭔가를 하고 싶게 만드는 동기에도 영향을 미칩니다. '우리 아이에게 무엇을 시켜 볼까?'라고 고민하고 있다면 먼저 아이의 행동을 예민하게, 그리고 지속적으로 관찰하며 체크해 보세요. 아이가 무엇에 관심 있는지, 무엇을 좋아하고 무엇에 흥미로워하는지부터 먼저 알아야 합니다.

아이가 두 번 이상 쳐다보거나 오랫동안 시선이 가 있는 것은 분명히 '아이가 좋아하는 것'이라 판단해도 좋습니다. 사람의 시선에는 길이 있습니다. 아이가 응시하는 '보이지 않는 길'을 따라가 보면 어떤 사물이나 지점에 도달합니다. 또한 아이의 표정이나 몸짓, 목소리, 눈빛으로 나타내는 미묘한 표현에도 주의를 기울여야 합니다.

엄마와 함께 노는 장면을 보면, 때로는 부모나 아이 모두 상대방과 눈을 마주치기보다는 장난감을 바라보며 대화하고 활동하는 경우가 더 많습니다. 그리고 거기에 대고 이야기를 하죠. 엄마가 장난감을 들고 "야, 이거 참 재미있겠다. 한번 해볼래?"라고 할 때도 엄마는 아이가 아니라 장난감과 눈을 마주치고 대화를 합니다. 그럼 아이는 장난감을 보며 대답합니다. 아이의 관심을 알려면 동작보다는 눈을 봐야 합니다. 손이나 몸짓보다는 시선이 아이의 관심을 더 잘 나타내기 때문이죠. 놀이방에 들어섰을 때 엄마는 먼저 "와, 장난감 많다! 뭐 하고 놀까?"라고 말합니다. 하지만 아이는 그 순간에도 수많은 장난감을 툭 건드려 보기도 하면서 관찰하고 탐색하는 중입니다. 아직 관심을 끌만한 장난감을 발견하지 못한 모양이죠? 이것도 건드려 보고, 저것도 만져 봅니다. 줄곧 아이의 손만 바라보던 엄마는 어느 장난감에 아이의 손이 닿기만 하면 얼른 꺼내 와서 "이거? 이거 해볼까?"라고 권합니다. 아이는 그저 만져 보고 지금 무엇을 할까 탐색하는 중인데 말이죠. 아이의 눈은 여전히 다른 장난감들을 살피고 있습니다.

시선이 중요합니다. 아이가 보는 것, 아이의 시선이 가 있는 것이 '흥미의 시작'입니다. 시선뿐만 아니라 아이의 표정에서 나타나는 미세한 표현들에서도 관심거리를 읽고 그 의미를 해석할 수 있어야 합니다.

아이가 장난감 젓가락을 들고 냄비와 프라이팬을 두드리고 있다면 부모들은 '우리 아이가 열심히 요리하는 시늉을 하고 있구나'라고 생각할 겁니다. 아이의 행동에만 집중했기 때문이죠. 하지만 좀 더 유심히 관찰해 보면 아이가 요리 도구로 탁탁 두드릴 때 나는 '소리' 자체를 즐기고 있다는 사실을 발견할 수도 있을 겁니다. 그렇다면 부모는 '요리'가 아닌 '소리'로써 아이의 행동에 반응할 수 있겠죠. 그래서 엄마도 옆에서 이것저것 두드리며 즐겁게 반응해 준다면 아이는 더욱 만족하게 될 겁니다.

또 다른 예로 아이가 "엄마!" 하고 불렀을 때 "엄마 불렀니?"라는 단순한 반응만으로는 아이의 기대를 충족시키기 어렵습니다. 아이는 자신이 미처 표현하지 못한 진짜 의도까지 엄마가 이해하고 반응해 주기를 원하니까요. 어떻게 보면 아이들이란 엄마의 '전폭적인 관심'을 원하는 욕심쟁이들처럼 보이기도 합니다. 하지만 자신의 속내까지 파악해서 인정해 줄 때 아이는 엄마에게 '전폭적인 신뢰'로 보답할 겁니다. 더불어 엄마가 자신의 모든 것을 인정하고 가치 있게 여겨 준다는 믿음은 아이의 내면에서 '자신감'이 싹트는 진정한 토양이 될 것입니다.

일방통행이 아닌
양방향 소통을 하라

아이의 성격에 영향을 미치는 부모 유형의 경우, 과거에는 주로 일방적인 관계를 강조했습니다. 가령 민주적인 부모 밑에서 자란 아이는 독립적이고 협조적이며, 이러한 유형의 부모는 아동의 인성과 발달에 긍정적인 영향을 미친다고 설명합니다. 이와는 반대로 권위주의적인 부모 밑에서 자란 아이는 수동적이고 자주적이지 못하며, 심지어 공격적인 성향까지 나타나는 부정적인 영향을 받는다고 보았습니다.

아마 대부분의 엄마들은 10대, 20대 때 여성으로 성숙하기 시작하면서부터 귀가시간을 지키도록 강요받은 경험이 있을 것입니다. 어떤 집은 9시, 또 어떤 집은 10시, 11시까지, 이렇게 가정마다 귀가시간은 달랐고, 이것은 부모, 특히 아버지의 유형에 따라 다양하게 정해졌죠.

여기서 주목할 점은 동일한 부모 유형 아래서도 자녀의 유형에 따라 반응이 다르게 나타난다는 사실입니다. 가령 A라는 여학생은 사교적이라 밖에서 사람들과 어울리기를 좋아합니다. 따라서 8시는 도저히 지킬 수 없는 시간이라고 생각하기 때문에 매일같이 아버지와 마찰을 빚곤 했겠죠. 아버지는 말을 안 듣는 딸이라고 꾸짖고, 딸은 그런 아버지가 야속하기만 할 겁니다. 당연히 아버지와 딸은 안정적인 신뢰 관계를 유지하지 못하겠죠.

반면 B라는 여학생은 다소 내성적이고 노는 일에도 관심이 없습니다. 그래서 수업을 마치고 돌아오면 6시, 혹은 7시입니다. 그러니 아버지가 정해 놓은 규칙은 별로 의미가 없다고 할 수 있죠. 아버지는 이렇게 순종적인 딸이 사랑스럽기만 할 테고 딸 역시 별다른 구속감 없이 아버지와 편안한 관계를 유지할 겁니다. 이처럼 아버지가 권위적이고 자녀의 인성 형성에 부정적인 요인을 제공할 가능성이 있다 해도 자녀 입장에서 그것이 구속으로 느껴지지 않을 수도 있다는 것입니다. 이처럼 부모의 역할과 아동에게 미치는 영향은 일방적이라기보다는 양방향적이라고 하는 것이 더 타당합니다.

여러 자녀를 둔 부모의 경우, 아이들 중에 비교적 상호작용이 잘 이루어지는 아이가 있는가 하면 어떤 아이는 매번 어렵고 힘들다는 느낌을 받아 본 적이 있을 겁니다.

"저는 애가 셋인데 유독 둘째하고는 힘들어요"라고 호소하는 엄마들을 보면 사실 그 아이에게 부정적인 증상이 없음에도 불구하고 상호작용이 어려운 경우가 있습니다. 그래서 양방향적이라는 것입니다. 부모의 유형과 아동의 기질은 서로 영향을 미칩니다.

'내가 아이를 가졌을 때 가정불화가 많아서 태아에게 좋지 않은 영향을 준 게 아닐까?' 혹은 아이가 장애가 있는 경우, '우리 아이는 정상적이지 않기 때문에 좋은 반응을 해줄 수 없어'라는 식의 생각들은 모두 자녀와의 관계가 일방적이라는 사고에서 나온 착각입니다.

대부분 부모가 자녀에게 무엇을 하지 말라거나 혹은 무엇을 해야만 한다고 요청하는 상황에서 종종 자녀와의 관계가 훼손되는 경우가 많습니다. 물론 어떤 부모도 '나는 너를 괴롭힐 거야. 그래서 이렇게 힘든 과제를 주는 거야'라는 생각으로 아이를 구속하지는 않을 것입니다. 8시 넘어서 들어온 딸을 혼내는 권위주의적인 아빠들도 결국은 자녀에 대한 사랑이 내재된 상태에서 우리 아이가 잘 되고 더 안전하게 성장하기를 바라는 마음이겠죠.

하지만 자녀들은 부모의 그런 애정에 부담을 느끼거나 때론 자신에 대한 미움으로 받아들이기도 합니다. 부모는 자녀를 사랑하고 항상 마음을 쓰고 있는데 그 표현이 잘 전달되지 않는 것이죠. 자, 그럼 이 답답하고 억울한 문제를 어떻게 해결할 수 있을까요?

먼저 부모 스스로 자신이 어떤 부모 유형에 속하는지 알아볼 필요가 있습니다.

첫째, 엄격하게 계획하는 훈련형 부모

어느 고궁에서 민화부채 만들기 행사가 한창 진행되고 있었습니다. 한지로 된 부채에는 이미 단순한 형태의 민화본이 그려져 있고 옆에는 동양화 물감도 준비되어 있었죠. 이미 초기 형태가 갖춰져 있어 그대로 모사하거나 약간의 창의성을 발휘한다 해도 짧은 시간에 그다지 어렵지 않게 완성할 수 있는 수준이었습니다. 엄마 아빠와 함께 행사에 참가한 아이들은 신나게 그림을 그리고 있었죠.

그런데 한 아이만이 작업 방식이 좀 특별했습니다. 다른 아이들과 달리 그 아이는 옆에서 엄마가 테두리를 그려 주면 그것을 넘겨받아 안쪽을 색칠한 다음, 다시 자연스럽게 엄마에게 넘겨주는 것이었습니다. 그럼 엄마는 또 거기에다 색칠을 한 다음, 다시 아이에게 넘겨주면서 아주 협조적으로 작품을 완성해 가고 있었습니다.

다른 아이들이 "이 색으로 해야지, 아니 저 색깔이 좋겠어"라고 나름대로 자기 생각을 종알종알 읊어 대며 작업하는 것과는 차이가 있었죠. 그러던 중 아이의 아빠가 도착했습니다. 아빠는 아이와 엄마를 번갈아 보며 대뜸 "이건 네가 해야지 왜 엄마가 해주니?"라고 물었습니다. 그러자 아이는 조금도 주저하지 않고 이렇게 말했습니다.

"응, 엄마가 그러는데 나는 테두리를 잘 못 그린대. 그래서 엄마가 해줘야 해."

사실 다른 아이들 수준도 별반 다를 바 없었죠. 하지만 이 경우에는 아이의 수준이 엄마의 기준에는 크게 못 미쳤나 봅니다. 이렇게 저 높은 곳에서 아이를 내려다보며 애써 끌어올리려고 노력하는 '훈련형 부모'는 의외로 많습니다.

이런 유형의 부모는 아이가 못하는 것, 또래보다 뒤처지는 것들을 일일이 체크한 뒤 엄격한 계획을 만들어 어떡하든 해결하려고 노력합니다. 거의 모든 면에서 상위 수준의 발달을 성취하도록 하기 위해 늘 아이를 재촉하고 다그치는 스타일이죠. 칭찬이나 격려에 비해 질책이 차지하는 비중도 많습니다. 왜냐하면 엄마의 목표와 시설은 현재 아이가 잘하고 있는 것이 아니라 체크된 사항, 즉 아이가 제대로 하지 못하는 것들에 맞춰져 있기 때문이죠. 엄마의 눈높이에서 볼 때 아이는 늘 모자라고 더욱 노력해야 하는 상태입니다.

또 이런 유형의 부모들이 아이와 대화하는 것을 보면 마치 심문하는 것처럼 느껴질 때가 많습니다. "이게 무슨 색이지?", "이건 뭐야?", "저건 어떤 모양이니?" 하는 식으로 말입니다.

아이는 시행착오를 거쳐서 배워 나가며 많은 실행이 있어야 숙련될 수 있습니다. 그리고 먼저 아이의 발달 수준에 맞는 눈높이에서 많은 수행의 과정이 필요할 것입니다.

둘째, 아이를 주도하는
교사형 부모

이 유형은 '훈련형 부모'보다는 강압적으로 보이지 않더라도 아이보다 앞서 자신이 먼저 결정하고 이끌어 나간다는 점에서는 크게 다르지 않습니다.

사실 모든 부모들은 아이가 아직 어리고 미숙하기 때문에 지름길을 가르쳐 주고 중요한 것들을 매번 일러 줘야 시행착오 없이 잘 해나갈 수 있다고 믿습니다. 그런데 이 유형의 부모들은 그 정도가 좀 더 강하다고 할 수 있죠. 그래서 아이에게 다 맡기면 어떤 것도 제대로 이룰 수 없다고 생각합니다. 아이 입장에서는 언제나 부모의 주장을 받아들여야 하는데, 어쩌다 아이 스스로 뭔가를 제안한다 해도 이내 엄마가 또 다른 방안을 내놓기 때문에 아이의 주도는 매번 무색해지곤 합니다. 이렇게 부모가 주도하고 부모가 선택한 것에만 따르게 한다면 아이가 스스로 유능하지 못하다는 생각에 점점 위축되고 마침내 자신감까지 잃게 될 수 있습니다.

부모는 아이에게 지름길과 좋은 방법을 가르친다고 생각하지만, 사실 진정한 의미의 학습은 이루어지지 않습니다. 아이가 스스로 판단하고 독창적인 의견을 내는 과정에서 나타날 수 있는 가장 소중한 자기 자신을 빼놓은 채 엄마의 지시에만 순종하고 있기 때문이죠.

아이들은 무슨 일이든 능동적으로 참여할 때 자발적인 반복이 일어나고, 그러한 반복을 통한 숙련 과정 속에서 궁극적으로 자기 것을 만들어 갈 수 있습니다. 학습이라는 것은 자기의 통찰이 생길 때 가능한 것입니다. 누구의 강압이나 필요에 따른 요구에 의해서 배워지는 것이 아닙니다.

셋째, 아이를 늘 보살피려는 애정형 부모

이 유형의 부모는 아이를 너무 사랑하는 것으로 보입니다. 늘 따뜻하고 다정한 목소리로 대화하며 아이와 상호활동을 해나가죠. 하지만 사랑이 너무 커서인지 끊임없이 먼저 제시하거나 아이를 도와주고 싶어 합니다. 그래서 궂은 일이건 복잡한 일이건 사사건건 나서서 아이 대신 부모가 직접 해나가곤 합니다. 그야말로 지극한 사랑이기도 하지만 다른 측면에서 보면 아이를 신뢰하지 못하는 것이라 할 수도 있습니다. 이 유형의 부모 역시 아이를 '미숙한 존재'로 규정하고 부모가 앞서서 인도해 주어야 한다는 생각에는 변함이 없죠. 또 이렇게 아이를 과소평가하고 늘 보살펴 주는 것이 사랑하는 아이를 위해 정말 바람직한 일인지도 자문해 봐야 합니다.

예를 들어 아이가 유리컵을 갖고 놀려 한다면 "얘! 위험하니까 하지 마!"라고 소리를 쳐서 제지할 수도 있지만, 다정한 목소리로 "그 컵 말고 여기 귀여운 곰돌이 컵(플라스틱 컵)이 어때?"라며 부드럽게 강요할 수도 있습니다. 어떤 형태이든 아이들은 자신이 선택한 것이 아닌 어른의 흥미에 의한 선택을 강요받을 때 동기와 지속성을 잃게 됩니다.

넷째, 아이에게 최선의 부모는 반응형 부모

반응적인 부모는 아이의 관심과 흥미를 가장 우선순위로 여깁니다. 아이의 현재를 그대로 가치 있게 인정하고 설령 무언가를 서툴게 해나간다 하더라도 그 자체로 인정할 줄 알죠. 비록 완성된 결과가 아니더라도 아이가 스스로 무언가를 해나가고 또 마무리 지을 때까지 묵묵히, 그러나 주의 깊은 관심으로 기다려 줍니다. 이렇게 늘 함께 반응해 가며 아이가 점점 더 주도적으로 판단하고 행동하도록 환경을 만들어 가는 부모가 바로 '반응적인 부모'입니다. 이 유형의 부모는 아이가 '무엇을 완성했느냐?'보다는 '어떻게 시작했는가?' 그리고 '어떻게 그 과정을 수행해 나가는가?'에 더 비중을 둡니다.

그렇게 아이의 시작점에서부터 함께 반응해 가며 마지막까지 기다려 주기 때문에 아이의 발달을 촉진하는 데 더없이 좋은 환경이 만들어지는 것입니다.

그렇다면 아이와 어떻게 상호작용해야 하나요?

02
아이는 부모와의
상호작용 속에서 배운다

우리 아이가 유치원에 다닐 때 일입니다. 오랜만에 엄마들 모임이 있었는데, 거기서 다른 집 자녀 이야기를 들었습니다. 아이는 아직 유치원생인데 엄마와 함께 아침마다 30개씩 영어 단어를 외운 뒤 유치원에 간다는 것입니다. 처음에는 '유아한테 그렇게까지 해야 할까?', '참 대단한 엄마다'라는 생각을 했으나 한편 도망가지 않고 그것을 따라 주는 아이도 대단하다는 생각이 들었습니다.

집에 돌아와서 저는 당시 초등학교 6학년, 그리고 7살인 우리 아이와 이 일에 대해 이야기해 보았습니다.

엄마 : 엄마가 오늘 어떤 아이 이야기를 들었는데, 그 아이는 너랑 동갑이야. 그런데 아침마다 영어 단어 30개씩 외우고 학교에

간대. 대단하지 않니?

작은딸 : 와, 근데 아이가 재미있어 한대? 아님 엄마가 시킨 거야?

엄마 : 글쎄, 엄마랑 한다던데? 음, 그래도 엄마가 시키는 대로 순종
하는 건 대단하지 않니?

그때 초등학생인 큰아이가 동생을 거들어 한마디 하였습니다.

큰딸 : 시켜서 하는 것은 소용이 없어, 자기 공부가 아니잖아.

작은딸 : 맞아 맞아, 내가 하고 싶어야 잘하지!

우리 아이들은 인지심리학자들이 말하는 '획득과 수행'에 관한 내용을 나에게 설명하고 있었습니다. 아이들은 어른의 강요에 의해 배울 수도 있습니다. 하지만 자신이 배운 것을 스스로 사용할 것인지 언제, 어디서 적용할 것인지는 결국 자신의 결정과 판단에 의해 실행되는 것입니다.

아이들이 스스로 할 수 있는 것도 때로는 우리 어른들이 시간을 주지 않기도 합니다. 그리고는 '못하는구나, 엄마가 도와줄게'라고 바로 판단해 버립니다. 아이는 기본적으로 어른보다 느리고 서툽니다. 그러니 아이 수준에 맞춰 아이가 할 수 있도록 조금 기다려 주어야 합니다.

부모는 아이와 하나 주고
하나 받아야 한다

　많은 부모들을 만나 보면 아이의 양육에 대한 불안을 표현하는 경우가 종종 있습니다. 예를 들면, "내가 잘 하고 있는지 모르겠어요", "아이를 어떻게 대해야 할지 모르겠어요"라고 걱정을 합니다. 때론 잘 하고 있는데도 말입니다. "내가 이렇게 할 때 우리 아이는 좋아해", 또는 "우리 아이는 이러이러할 때 울고 짜증을 내"라고 아이가 왜 그런 행동을 하는지 이유를 자신 있게 이야기할 수 없을 때 부모는 아이 키우기의 어려움을 토로합니다.

　부모들이 아이가 왜 그러는지 모르겠다는 것은 결국 상호작용이 안 된다는 말입니다. 그렇다면 '상호작용'이란 좀 더 구체적으로 무슨 뜻일까요? 바로 서로 간에 시소와 같이 하나 주고 하나 받는 상호 교환적 활동이 지속되는 것을 말합니다. '하나 주고 하나 받는 상호 교환적 활동'은 말로 하는 대화가 될 수도 있고, 때론 활동으로 주고받는 교환 활동이 될 수도 있습니다.

　많은 부모들이 아이의 곁에서 함께 장난감을 가지고 재미있는 태도와 따뜻하고 사랑스러운 말로 놀아 주었다면 '나는 참 아이와 잘 놀아 준다'고 생각할 것입니다. 하지만 여기서 '주고받기식'의 상호교환이 이루어졌는지, 그리고 부모로서 말하고 행동하는 반응이 '아이가 만들어 낸 것과 관련이 있는지' 다시 체크해 보아야 할 것입니다.

의욕이 앞선 부모가
아이의 의욕을 떨어뜨린다

저는 아이와 부모가 일상적인 자연스러운 공간에서 놀이하는 장면을 10분간 비디오 촬영하여 부모와 아이 간의 상호작용을 분석합니다. 부모는 '야 재미있는 장난감이다', '재미있는 책이다, 이렇게 쌓아 봐, 하나, 둘, 셋……', '이것 봐봐, 여기 여기 이것 봐라, 재미있겠다, 이건 뭐지?'라며 열심히 아이와 놀아 주었어요. 부모가 아이와 놀이하는 장면을 관찰할 때면 흔히 보이는 광경입니다. 만일 부모가 아이의 반응이나 아이가 하고 있는 활동과는 상관없이 일방적으로 활동을 제시하고 질문을 반복하고 있다면 과연 아이와 잘 놀아 주고 있는지 의심해 보아야 합니다.

부모가 아이와 놀아 주고자 할 때는 먼저 '무엇을 하며 놀아 줄까?', '재미있는 것이 무엇일까?' 하며 무엇인가 아이에게 좋을 것, 재미있을 것을 부모가 판단하고 선택하여 '해주고자' 합니다. 때때로 자녀가 영아라면 어려서 스스로 판단할 수 없고 말도 제대로 할 수 없으니 부모가 좋다고 생각하는 새로운 것으로 상호작용을 시도합니다. 그러고는 아이가 어리니 이런 방식이 맞다고 부모는 생각할지도 모릅니다. 그러나 이런 행동은 아이가 스스로 해보고자 하는 의욕만 떨어트릴 뿐입니다.

아이는 자신이 먼저 만들어 낸 행동과 직접 관련이 있는 주제로 무엇인가를 할 때 오래 집중하고 함께 주고받으며 상호작용을 잘 이어

갑니다. 부모가 아이에게 다정한 말과 친절한 태도로 대했다고 해도, 아이가 먼저 했던 행동과 관련이 없다면 '아이와 놀아 주었다', '잘 반응해 주었다'라고 할 수 없습니다. 이것은 아이 주도적이 아니라 부모 주도적인 활동이었으며, 아이의 놀이가 아니라 부모의 놀이에 지나지 않기 때문입니다.

아이는 자신이 관심을 가지고 주도하는 활동을 할 때 오랫동안 계속할 수 있어요. 그래야 아이는 자신이 주도하는 활동 속에서 자신의 잠재능력을 펼쳐 보이며 자신의 가능성을 키워 갑니다.

아이의 잠재력을 키워 주는 열쇠, 반응육아의 비밀

마호니 교수는 아이의 잠재능력을 키워 줄 수 있는 '반응성 상호작용'에 대해 설명하고 있어요. 반응성 상호작용이란 일상생활 중에 예를 들어, 아이와 목욕을 하거나, 밥을 먹거나, 옷을 갈아입을 때 아이가 이미 만들어 낸 행동에 반응적으로 상호작용하는 육아 방식을 말합니다. 여기서 '반응성'이란 의미는 양육자가 주의 깊게 아이의 관심과 흥미를 살피고 아이의 상태를 민감하게 알아채고, 아이가 먼저 시작하여 주도하는 활동에 곧바로 적절하게 반응해 주는 것을 말합니다. 따라서 아이와 시간적으로나 공간적으로 얼마간 함께 있으며 놀아 주었다는 것만으로 반응성 상호작용을 했다고 말할 수는 없습니다.

마호니 교수는 아이의 발달을 촉진하는 변인이 무엇인지 밝히기 위해, 영아기 때부터 초등학생이 될 때까지 아이들의 발달을 추적 관찰해 보았습니다. 먼저 영아기 때는 부모의 상호작용 유형, 아이들이 받았던 교육 프로그램, 경제적 수준을 조사했고 초등학생이 되어서는 IQ를 비롯한 학습능력을 조사해 보았어요. 결과적으로 가장 중요하게 영향을 끼친 것은 바로 부모의 반응적인 양육 정도였어요. 유아기에 받았던 교육프로그램의 질이나 경제적 수준 또한 아이의 발달에 중요한 영향을 끼친 사실을 알 수 있었습니다. 그러나 이러한 물리적 요인이 지속적인 영향을 미치는 것은 아니었습니다.

예를 들어 유아기 때 프로그램이 좋은 유치원에 다니는 아이들은 그렇지 않은 유치원에 다니는 아이들보다 발달 부분에서 긍정적 영향을 받은 것으로 나타났지만, 초등학생이 되어서 반드시 공부를 잘하지는 못했습니다. 결국 초등학교 시기 아이들의 학습능력과 일관되게 관련이 있는 것은 바로 어머니의 반응적인 양육 태도였어요. 아이의 발달을 촉진하는 데 무엇보다 중요한 영향은 바로 부모가 일상 중에 아이와 얼마나 많이 자주 반응적으로 상호작용하는가였습니다. 부모가 반응적일 때 아이는 잠재능력을 펼쳐 보이게 됩니다. 그리고 그런 관계야말로 부모와 아이 모두 행복한 관계라고 할 수 있습니다.

03 아이가 스스로 시작하도록
부모는 기다려 준다

'애가 어쩌다 이렇게 말썽쟁이가 됐지?'

그러면서도 모든 엄마들은 아이에게서 천재성이나 영재성을 발견하고 싶어 합니다. 하지만 세상에 알려진 위인들을 살펴보면 유년기를 고분고분하게 보낸 인물은 그다지 많지 않습니다. 달걀이 정말 병아리로 부화되는지 알아보려고 직접 가슴에 품어 보려 했던 일곱 살 소년은 훗날 발명왕 에디슨이 되었고, 장난기가 너무 심해 학교로부터 특수교육이 필요하다고 지적받았던 유대인 소년은 커서 영화계의 거장 스필버그가 되었습니다. 위인전에 소개된 유년기의 일화들이 다소 과장됐다는 점을 감안하더라도 무에서 유를 창조해 낸 대부분의 인물들에게는 공통점이 있습니다. 무엇보다 그들에게는 '스스로 자신을 만드는 시작'이 있었습니다.

먼저 세상을 관찰하고 나름대로 이해한 사실에 기초해서 자신이 목표를 세우고 그것을 이루기 위한 과정을 계획하고 실행해 봅니다. 결과는 성공적일 수도 있지만 때에 따라서는 실패할 수도 있습니다. 그러나 그것은 중요하지 않습니다. 시작이 있다면 당연히 끝도 있을 것이고, 끝은 여러 가지 형태로 나타나기 때문입니다. 경쟁에서 이겨 1등이 되는 것만이 '최상의 끝'은 아니라는 얘기죠.

중요한 것은 시작입니다. 일단 아이들이 자신의 것을 스스로 실행해 보일 수 있는 것이 중요합니다. 시작이 없다면 끝은 오지 않습니다. 그런데 간혹 어른들은 아이들이 만들어 낼 성공적인 결과만을 생각하곤 합니다. 그러고는 아무 생각 없이 아이의 자발적인 '시작'을 빼앗아 가 버립니다. 아이들 스스로 만든 '시작'이 없는데 끝을 기대한다는 건 그야말로 아이러니가 아닐 수 없습니다.

뭐든지 자기가 하려들고 엄마 말은 도무지 들어먹지를 않나요? 격정하지 마세요, 여러분의 아이는 지금 자신의 능력을 만들어 나가기 위해 스스로 준비하는 중이니까요.

자신감의 씨앗은
일곱 살 이전에

아이는 대략 돌이 지나면서부터 걷기 시작하고 두 살 무렵이면 한

두 마디씩 의사를 표현하기 시작합니다. 그 이전까지의 유일한 표현법은 '울음'뿐이었죠. 배가 고파도, 덥고 짜증나고 심심해도 직접 움직이거나 말을 할 수 없으니 그저 울음으로써 엄마를 불러 자신이 원하는 것을 해주기만 기대할 뿐입니다.

그러다가 세 살이 되면서부터 아이는 직접 몸을 움직이거나 간단한 단어도 사용할 줄 알게 됩니다. 이때 아이들이 가장 자주 쓰는 말은 '내가', 그리고 '싫어'입니다. 아주 간단한 이 두 개의 단어는 대단히 막강한 위력을 지니는데, 이는 자기가 무엇을 원하는지, 그리고 자신이 원하는 것을 해보겠다는 의지까지 모두 포함하고 있기 때문입니다.

이 시기에 아이가 부모의 요구에 '싫어'라고 표현하는 것은 부모를 거부하는 것이 아닙니다. 다만 아이의 생각이 커져서 '자신^{self}'을 인식하게 되고 그것을 표현하는 과정이며, 아이의 인성이 커가는 당연한 현상이죠. 하지만 부모는 이 고집 센 녀석을 올바로 잡아 주어야겠다며 혼을 내거나 매를 들기도 합니다. 아이를 억압하는 그 순간부터 아이의 창의성과 주도성은 꺾이기 시작하는데도 부모는 아이에게서 그런 능력을 기대하며 유명한 학원이나 프로그램을 찾아다니곤 합니다.

사람이 태어나서부터 죽을 때까지의 과정을 심리사회적 발달단계로 나누어 설명한 바 있는 심리학자 에릭슨은 바로 이 시기야말로 아이의 '자율성'을 키우는 데 가장 중요한 시기라고 했습니다. 하지만 이 시기의 아이들은 아직 작고 미성숙한 탓에 행동이나 말도 서툴러서 엄마가 보기에는 그런 자율적인 행동이 마냥 하찮아 보일 수도 있습니다.

그래서 때로는 아이를 번쩍 안아 다른 곳으로 옮겨 놓으면서 아이의 행동을 쉽게 제지해 버리기도 하고, 뭐든지 엄마가 대신 해줌으로써 더 이상 아이 스스로 할 것이 없어지게 만들고 맙니다.

일곱 살 된 아이가 방에서 놀다가 갑자기 벌떡 일어나더니 욕실로 달려갑니다. 그러고는 세면대에 물을 담아 비누와 샴푸를 섞어 거품을 만들기 시작합니다. 샴푸 한통을 다 부었는지 거품이 엄청나게 생겼습니다. 엄마가 가만히 있을 리가 없습니다.

"얘, 너 뭐 하니? 당장 그만두지 못해!"

처음엔 뭐가 잘못된 건지 모른 채 그저 눈만 말똥말똥하던 아이도 엄마의 화난 표정을 보고는 '내가 큰 잘못을 저질렀구나' 하며 금세 의기소침해지고 맙니다. 사실 아이는 푸짐하게 부풀어 오른 거품이 쪼르륵, 물길을 따라 구멍으로 빨려 들어가는 모양을 관찰하고 싶어 했을 뿐입니다. 엄마의 호통으로 인해 아이의 순수한 호기심과 창의적인 행동은 거품처럼 사라지고 그 대신 죄책감이 생깁니다.

아이들은 호기심의 대가입니다. 그리고 충만한 호기심은 곧장 창의적인 '돌발행동'으로 이어지기 일쑤입니다. 대부분의 아이들은 책이나 텔레비전에서 본 것들을 확인하고 싶어서 스스로 계획을 세우고 실행에 옮겨 봅니다. 말하자면 세상을 탐색하고 자신의 계획을 검증하기 위해 끝없이 실험을 하고 싶어 하는 것입니다. 이것은 발달 과정에서 이 시기에 경험해야 할 중요한 절차이고 스스로 탐색하는 능력을 키워주는 시작점이라고 할 수 있습니다.

어디든지 잘 뛰어다니고 생각하는 능력도 발달하기 시작하는 일곱 살이 되면 혼자서 뭔가를 곰곰이 상상하고 또 그대로 해보려 합니다. 이러한 현상을 발달심리학에서는 '주도성'이라고 합니다. 에릭슨은 바로 이 일곱 이전이 주도성을 키우는 데 가장 중요한 시기라고 했습니다. 스스로 계획하고 목표를 설정해서 문제를 해결해 나가는 탐색능력을 그저 골칫거리로만 취급하면서 아이에게 창의적인 발명이나 자기만의 꿈과 인생을 설계하기를 기대할 수 있을까요?

일상에서 이루어지는 사소한 사건들에서부터 아이는 창의적인 생각을 갖고 자발적인 행동을 통해 자신의 목표에 이르는 과정을 거듭하며 점점 주도적인 존재로 성장합니다. 그 시작은 바로 영·유아기 때의 자율적이고 주도적인 시도들, 즉 부모가 보기에는 아무 쓸모없이 보이는 바로 그 시도들에서 비롯됩니다.

부모가 믿고 양보하면
다 얻을 수 있다

부모와 아이의 일상을 관찰해 보면 전쟁이라는 말이 정말 실감납

니다. 매일같이 '네가 변하면 얼마든지 원하는 것을 해주고 받아줄 수 있다'면서 닭이 먼저냐 달걀이 먼저냐는 식의 공허한 싸움이 수도 없이 벌어집니다. 그리고 부모가 아이에게 졌을 때는 '말 안 듣는 아이'로 결론을 내리곤 합니다.

이것은 동전의 양면과도 같습니다. 아이가 주장하는 것이 '아이가 하고 싶은 것'이라면 엄마가 주장하는 것 역시 '엄마가 하고 싶은 것'입니다. 엄마가 자기주장을 내세우는 것과 마찬가지로 아이도 자기주장을 굽히지 않는 것이죠. 물론 어른의 주장이 대부분 바람직할 수도 있겠지만, 한쪽이 일방적으로 주장하고 한쪽은 따라야 하는 현상만 놓고 본다면, 결국 서로의 주장은 다를 바 없는 셈입니다. 그런데도 결론은 언제나 아이가 고집스러운 아이, 말 안 듣는 아이로 낙인찍히면서 끝나게 됩니다. 아이의 입장에서는 억울하기 짝이 없죠.

부모와 자녀 간에 대립이 발생하는 원인은 불신에 있습니다. 부모들 대부분은 아이가 혼자서도 잘할 수 있을 거라 믿지 않습니다. 나아가 지금 아이가 원하는 것은 중요하지 않고 또 아이가 원하는 대로 하면 분명 잘못될 것이라 염려합니다. 그래서 일일이 가르쳐 주고 가야 할 길을 안내하고 싶어 합니다. 자신이 겪었던 실패를 거치지 않았으면 하는 바람도 있고, 자신이 못 다 이룬 소망을 대신 해주길 바라는 마음도 있을 겁니다. 그 결과, 아이에 비해 자신의 판단이 더 옳다는 생각이 늘 앞서고, 결국 아이가 무조건 자기 뜻에 따르기만을 바라게 됩니다.

"잔소리 말고 시키는 대로만 하면 돼."

"그냥 '네' 하고 따라 주면 안되겠니?"

이런 말들은 아이의 생각이나 의도를 원천적으로 무시하는 것입니다.

생물학적으로 아동은 쉽게 변할 수 없는 특성을 지니고 있습니다.

사실 이것은 어른에게도 마찬가지입니다. 혹시 다른 엄마들은 모두 괜찮다는데 유독 나에게만 거슬리는 것이 있다면 그것을 어쩌면 '나만의 특성'일 것입니다. 그런데도 '네가 변한다면, 네가 이렇게만 한다면'이란 제안을 해가며 끝없이 실랑이를 되풀이하는 것은 그저 제자리에서 허우적대며 물장구를 치는 것과 같습니다. 개구리헤엄을 칠 때 손 젓기와 다리 젓기가 균형을 이루지 못하면 제자리에서 오르락내리락할 뿐 더 이상 앞으로 나아가지 못합니다. 때로는 윽박질러도 보고, 회유도 해보지만 결국은 아이가 좋아하는 것을 포기하고 엄마가 시키는 대로 하라는 주장일 뿐입니다. 엄마의 성향을 따르라는 것이지요. 그렇게 해서 아이의 주장을 꺾었을 때 엄마는 과연 이긴 것일까요? 아이는 결국 엄마가 원하는 대로 되어 가고 있을까요?

어른들은 좀 더 현명해질 필요가 있습니다. 결국 싸움의 목적이 아이의 능력을 개발하기 위한 것이라면 아이를 이긴다는 것은 의미 없는 승리일 뿐이며, 아이로부터 주도성의 자양분을 빼앗는 결과로 이어질 뿐입니다. 또 힘에 밀려 지금 당장은 부모의 주장에 따른다고 해서 아이가 다른 상황에서도 역시 부모의 뜻대로 움직일 거라 믿는다면 큰 오산입니다. 부모에게 특별히 선호하는 것과 나름의 취향이 있듯이 아이에게도 '자기self'가 있다는 사실을 인정할 필요가 있습니다. 먼저 아이가 하는 것을 인정해 주세요. 그리고 아이가 하는 대로 따라 주세요. 그러면 아이가 부모를 보고 그 말에 협력합니다.

작은 것을 내어 주고 큰 것을 얻는 지혜

엄마로서 아이가 요구하는 것을 따라 준다는 것은 말처럼 쉬운 일이 아닙니다. 부모의 현실적인 여건을 무시하고 아이가 막무가내 떼를 쓰는 경우도 얼마든지 있으며, 아이 스스로 선택한 행동이 행여 잘못된 결과로 이어지지나 않을까 하는 불안도 무시할 수 없습니다.

그러나 사실 대부분 서너 살 아이들이 부리는 고집은 그다지 심각한 것들이 아닙니다. 기껏해야 '김치를 먹지 않겠다, 아이스크림을 먹겠다. 물장난을 실컷 하고 싶다'와 같은 사소한 주장들이 대부분이죠. 그런데도 엄마와 아이는 이런 사소한 주제를 놓고 수없이 다투곤 합니다.

큰 것을 얻고자 한다면 작은 것을 내어 주는 지혜를 터득해야 합니다. 아이가 하고 싶은 것, 아이의 의견을 이해하고 따라 주는 것은 아이로부터 신뢰를 얻기 위한 과정입니다. 또한 '엄마는 언제나 너를 전폭적으로 지지한단다. 엄마는 늘 네 편이야'라는 믿음을 보여 주는 것이기도 하죠.

물론 언제 어디서나 아이의 주장에 무조건 따라 주라는 것이 아닙니다. 그것은 허용적인 부모의 태도일 뿐입니다. 부모와 아이 사이에 탄탄한 신뢰 관계가 형성되면 일방적인 막무가내 고집이 사라지고 대화와 설득이 가능해집니다. 무조건 '싫어!'라고 소리치며 떼를 쓰던 아이가 부모의 말에 귀 기울이고 이해하려는 변화도 생겨납니다.

지금 아이에게 어떤 제안을 해보세요. 그리고 만일 아이에게서 대번에 '싫어!'라는 대답이 나온다면 아이와의 신뢰 관계를 점검해야 할 필요가 있습니다. 신뢰가 약한 관계에서는 부모가 아무리 유익한 요구를 하더라도 쉽게 거부당하고 맙니다. 아이가 부모의 말을 듣고 함께할 수 있기를 원한다면 먼저 아이가 원하는 것을 함께해 보는 것이 더 빠른 방법입니다. 엄마가 먼저 아이에게 '그래' 하며 함께해 보세요. 그러면 아이로부터 '네'라는 순종의 대답을 얻게 될 것입니다.

가르치지 않을 때
아이는 가장 많이 배운다

아이에게 '기특하다'라는 말을 해본 적이 있나요? 주로 어떨 때 이 말을 사용하나요?

 부모들은 아이가 전혀 기대하지 않았던 뜻밖의 성과를 냈을 때 기특하다고 말하곤 합니다. 하지만 그보다는 아이가 '혼자서' 무언가를 해냈을 때가 아닐까요? 엄마가 시키지도 않았는데, 가르쳐 주지도 않았는데 저 혼자서 해냈다는 사실이 더욱 기특한 것입니다.

 결국 아이가 무엇을 하는 동안 엄마가 먼저 '이렇게 해라, 저렇게 해라' 하며 제안하고 간섭할 때보다는 아이가 무엇인가를 해낼 때까지 기다려 주었을 때 기특하다고 말할 기회가 더 많아진다는 이야기입니다.

 많은 부모들이 아이를 대할 때 조급증이나 조바심을 내는 경향이 있습니다. 아이가 어떤 일을 해나가는 동안 몇 차례씩 시행착오를 겪어가는 과정을 끝까지 지켜보지 못하는 것이죠. 어른들은 아이의 나이가 아직 어리고 그만큼 지식과 능력이 부족할 수밖에 없다고 생각합니다. 하지만 이것은 어른들만의 착각입니다.

 아동심리학자 피아제 J.Piaget 와 비고츠키 L.S. Vygotsky 는, 아이는 태어나면서부터 자신의 능력을 발전시켜 갈 수 있는 능력을 지니고 있고 이러한 능력은 자라면서 겪게 되는 환경 즉, 부모나 가정이라는 환경과 어떻게 상호작용 하는가에 따라 달라진다고 하였습니다.

 부모는 아이가 스스로 해낼 능력을 가지고 있다는 사실을 알아야 합니다. 부모들이 그 사실을 빨리 깨달을수록 아이는 자기 능력을 자신 있게 내보이고 스스로 성취해 내려는 의지를 보다 빨리, 보다 일찍 배우게 됩니다.

만일 부모의 관심사나 필요성에 따라서만 아이를 가르친다면 아이는 결국 그것만 할 수 있게 됩니다. 간혹 너무 심하게 강요한다면 회피 심리가 발동하여 그것조차도 못하게 될 수도 있습니다.

반대로 아이가 스스로 하고 싶어지도록 환경을 만들어 주면 아이는 자연스럽게 자신의 능력을 사용하기 시작합니다. 외부의 힘에 의해 억지로 능력을 끄집어낼 때와 자연스럽게 자발적인 흥미에 의해서 능력을 발휘할 때를 비교해 보면 어떨까요? 똑같은 일을 하더라도 후자 쪽이 부모와 아이 모두 힘이 덜 들고 스트레스도 줄어들 뿐만 아니라 훨씬 더 나은 결과를 얻게 될 겁니다.

아이에게 주도권을 주십시오. 그리고 아이가 먼저 호기심을 느끼고 의문을 품을 때까지, 다시 말해 스스로 자신이 가진 능력을 마음대로 사용해 보고 지적인 의문을 스스로 해결해 나갈 때까지 기다려 보세요. 교육은 질문에 대한 답을 줄 때보다 자발적인 의욕이나 궁금증이 내면에서 발효되는 시간에 이루어지는 것입니다.

아이가 자신이 흥미로워하는 것을 찾아 시작하도록 기다린 뒤에 아이에게 답을 주세요. 그것이 진정 아이가 새로운 것을 배워 가도록 하는 최상의 방법입니다.

04

부모와 함께 할 때
아이는 잘 배운다

아이들이 배우게 하려면 스스로 경험할 수 있는 기회를 많이 주어야 합니다. 아이는 매우 느립니다. 무엇을 보고 생각하고 판단하고 행동하기까지의 처리속도도 어른에 비하면 매우 느리기 때문에 때로는 아이가 해볼 수 있도록 기회를 주려면 기다려 주어야 할 때가 많습니다.

부모들은 때때로 아이를 잘 키우기 위한 방법으로 전문가들로부터 '이렇게 이렇게 하세요'라는 제안을 받기도 합니다. 예를 들면 '아이에게 책을 많이 읽어 주세요', '아이에게 엄하게 해주세요' 등의 조언을 받을 때, 잘 생각해야 합니다. 그것이 과연 우리 아이에게 가장 필요하고 적절한 조언인지 가려낼 수 있는 사람은 바로 부모 자신입니다.

예를 들면, 아이의 두뇌발달을 촉진하고 싶어서 전문가의 조언대로 책을 읽어 주고자 합니다. 이때 아이가 흥미로워하는지 책장을 넘길 때 아이가 책의 어떤 그림에 눈길을 더 주고 있는지, 내가 책장을 넘기도록 허락하는지를 계속해서 살펴야 합니다. 아직 자신의 의사를 잘 표현하지 못하는 어린아이의 경우 아이의 눈이 집중하는 곳을 살피면 그 답을 얻을 수 있습니다.

부모가 이렇게 아이가 집중한 주제에 함께 집중하고, 그것을 읽어 줄 때 어떤 전문가나 선생님이 읽어 주는 것보다 학습 효과는 커집니다.

아이에게 최초, 최고의 선생님은 바로 부모

'아이의 성공 뒤에는 엄마의 정보력이 있다'는 말이 있습니다. 실제로 아이가 글을 읽기 전부터 가히 전문가 수준의 정보력으로 자녀의 학습을 리드해 나가는 엄마들도 많습니다. 그런데 사실은 이 정보들이 '부모로서 무엇을 하겠다'라는 것보다는 아이의 교육을 떠맡길 좋은 선생님, 좋은 학원에 대한 정보라는 점이 문제입니다.

물론 뛰어난 교육 프로그램들은 얼마든지 있고 나날이 새로운 교육시스템이 개발되기도 합니다. 하지만 아무리 좋은 유치원, 좋은 학원을 다니고 좋은 프로그램을 적용시키더라도 정작 아이가 그것에 대해 흥미나 동기가 없다면 아무 소용없는 정보일 뿐입니다.

엄마들은 넘쳐 나는 교육정보와 새로운 뉴스에 주눅 들어 '나는 자질이 없고 재주도 없고 또 시간도 없으니 아이를 위해서는 아무래도 전문가가 필요해'라고 단정 짓곤 합니다. 하지만 자녀가 어릴수록 부모는 그 누구보다도 아이에게 중요한 영향을 미칩니다. 비단 애착 관계나 정서적인 면뿐만 아니라 아이의 교육 면에서도 마찬가지입니다. 이것은 부모가 아무리 부인하고 무시하더라도 어쩔 수 없는 사실이고, 오히려 부모가 자신의 영향을 부인한다면 그만큼 아이의 성장은 늦어질 뿐이라는 것을 깨달아야 합니다.

때로는 컴퓨터 게임이나 여러 가지 오락에만 몰두하는 자녀들을 보며 필요 이상으로 걱정하기도 하죠. 이렇게도 해보고 저렇게도 해보았지만 말릴 수가 없었다며 우리 아이가 ADHD(주의력 결핍행동장애)이거나 컴퓨터 중독은 아닌지 의심하기도 합니다.

"우리 아이가 바람직하지 않은 행동을 할 때 어떻게 하면 그것을 멈추게 할 수 있을까요? 컴퓨터 게임 따위에서 재미를 느끼지 않게 할 수 있는 방법은 없을까요?"

결국 혼내기도 하고 매를 들어 보기도 하지만 성공한 부모는 그리 많지 않습니다. 그래서 엄마들은 전문가들을 찾습니다. 보다 훌륭한 교육 시스템 속에 아이를 집어넣어 바람직한 습관이 형성되기를 기대하는 것입니다.

아이가 원하는 것은
부모의 인정과 관심이다

부모가 미처 깨닫지 못하는 사실이 있습니다. 떼를 쓰건 반항을 하건 아이는 언제나 '엄마와 아빠를 가장 원하고 또 누구보다도 선호하는 존재'라는 사실 말입니다.

"아니, 엄마, 아빠를 좋아한다면서 그렇게 말 안 듣고 말썽만 부리나요?"라고 의아해할지도 모릅니다. 하지만 아이들은 정말 부모를 가장 좋아합니다. 그리고 부모로부터 늘 인정받고 싶고 관심을 끌고 싶어 안달이 나 있습니다.

잠시 아이가 아주 어렸던 시절로 돌아가 볼까요? 귀엽고 사랑스러운 아이와 함께 놀며 그 자체로 즐겁고 행복했던 시간으로 말입니다. 아이는 오직 엄마 아빠와 놀고 싶고 함께 즐기고 싶다는 욕구밖에 없었습니다. 그래서 무엇을 하다가도 엄마와 아빠가 자신을 봐주는지 쳐다보고, 틈만 나면 "엄마, 이거 봐", "아빠, 같이 놀아요" 하며 다가와 손을 잡아끌고 매달리기도 했을 겁니다. 엄마나 아빠의 관심은 아이에게 온전히 쏠려 있고 아이의 일거수일투족에 감탄하며 아이가 만들어 낸 사소한 짓에도 기뻐해 주지요. 아마 그때 아이는 순수한 만족감으로 충만했을 겁니다.

그런데 언제부터, 어떤 이유에서인지 아이는 자기만의 놀이에 빠져들기 시작합니다. 부모로부터 즐거움을 얻을 수 있다는 기대를 모두

접고 자기 혼자 누릴 수 있는 즐거움을 찾아가기 시작한 것입니다. 왜 그렇게 됐을까요?

간혹 '아이와 어른은 노는 세계가 다르다'는 철학이라도 가진 것처럼 아이와 함께, 그리고 아이처럼 놀아 주는 일에 소홀한 부모를 볼 때가 있습니다. 물론 자녀를 더없이 사랑한다는 데에는 의심의 여지가 없지만 잠시라도 '아이가 되어' 아이와 온전히 하나가 되는 일에 서툴기만 합니다. 어쩌면 아이가 자기만의 놀이를 찾아 떠나게 된 원인이 여기에 있지 않을까요?

상담을 하다 보면 엄마가 아이의 수준을 이해하고, 아이가 하고 싶은 것에 초점을 맞춰 즉각적이고 재미있게 상호작용하며 놀아 줄 때 아이의 얼굴에 환한 미소가 피어나는 것을 자주 목격하게 됩니다. 사실 엄마의 태도가 조금만 바뀌어도 아이는 금세 달라집니다. 실제로 아이들은 그 누구보다 부모의 관심과 인정을 받고 싶어 한다는 것을 진리처럼 경험할 때가 많습니다. 설령 예전에 엄마가 벌을 주고 자신의 요구를 무시한 적이 있더라도 지금 자신을 잘 이해해 주기만 하면 아이는 과거의 기억을 잊게 됩니다. 아이는 절대로 '예전에 엄마 아빠가, 나한테 어떻게 했는데?'라고 반응하지 않습니다.

아이에게 선택의 우선순위는 늘 부모입니다. 부모와 자녀간의 상호작용 과정을 분석하다보면 아이가 자신의 요구에 잘 반응해 주고 자신의 관심을 잘 알아주는 사람을 더 좋아한다는 사실을 매번 확인하게 됩니다. 어린이집의 선생님이나 아이 교육의 전문가들은 이 사실을 잘 알고 있습니다. 그래서 아이는 자신의 관심에 능숙하게 반응해 주는 선생님 앞에서 엄마가 보기에도 놀라울 정도로 기특한 행동을 하거나 이전에는 몰랐던 능력을 보여 주기도 하죠. 하지만 엄마가 조금이라도 변화되어 아이를 이해하고 아이가 하는 것을 가치 있게 여기며 즉각적으로 반응해 주면 아이는 전문가 선생님보다 엄마를 선택하게 됩니다. 아이에게는 전문가보다 엄마가 우선순위인 것입니다.

따라서 엄마가 '나는 자질이 없고 재주도 없고 또 시간도 없어서 아이를 위해서는 전문가가 더 효과적일 것이다'라는 생각으로 아이와의 상호작용을 꺼린다면 그만큼 아이의 발달은 지연됩니다.

아이는 특별한 재주나 전문적인 지식을 갖춘 부모를 바라는 게 아닙니다. 단지 자기와 함께 상호작용하는 부모를 원할 뿐입니다.

Chapter 2
반응적인 부모가 행복한 아이와 부모 관계를 만든다

반응적인 부모란 아이가 스스로 해낼 때까지 주의 깊은 관심으로 기다려 주며, 아이의 필요에는 즉각적으로 반응하여 아이가 점점 주도적으로 판단하고 행동하도록 만들어 주는 부모입니다. 결국 부모가 아이의 수준에 맞추어 따라가 줄 때 아이는 학습에 흥미를 느끼고, 부모가 먼저 질문하기보다 아이의 말을 들어줄 때 아이의 언어 능력이 향상되며, 부모의 배려 깊은 반응에 아이는 행복해집니다.

05
아이가 주도하면
부모는 따라 준다

서재에서 일을 하던 아빠가 여섯 살 난 딸에게 심부름을 시킵니다.

"민정아, 아빠 땅콩 좀 갖다 줄래?"

"응, 아빠."

아이는 부엌으로 쪼르르 달려갑니다. 그런데 한참이 지나도록 소식이 없습니다.

"민정아, 땅콩 좀 가져오라니까?"

아빠의 목소리가 약간 커집니다.

"응, 가져가요."

부엌에서 아이 목소리가 들려옵니다. 하지만 또 몇 분이 지나도록 감감무소식입니다.

"아니, 도대체 왜 안 오는 거니?"

마침내 짜증이 난 아빠가 쿵쿵거리며 부엌으로 향합니다. 가서 보니 아이는 예쁜 접시에 냅킨을 깔고 그 위에 땅콩을 정성스럽게 담고 있었습니다.

여기서 아빠가 보일 수 있는 반응을 두 가지로 표현해 볼까요?

반응 1 : 뭐 하느라고 그렇게 꾸물댄 거니? 그냥 가져오라니까.

반응 2 : 민정이가 아빠를 위해 이렇게 했어? 와아! 예쁘다! 기특하기도 하지.

이것은 극단적인 예입니다. 일상생활에서 벌어지는 수많은 상황에 대해 부모가 아이에게 취하는 반응은 다양할 것이고 때로는 단순하게 그날의 컨디션에 따라 쉽게 영향을 받기도 합니다. 하지만 '반응 1'과 같은 일이 지속적으로 반복되는 경우, 아이는 자신의 판단에 대한 믿음이 서서히 줄어들게 됩니다. 자신의 생각과 계획이 거절당하는 순간, 아빠를 불편하게 했다는 죄책감과 더불어 자기 의지대로 뭔가를 해보려는 시도마저 두려워하게 되는 것이죠. 문제는 여기서 그치지 않고 남에게 의존하거나 자신의 생각을 떠맡기는 습관으로 이어진다는 데 있습니다. '엄마가 해줘', '난 못해', '아빠가 하라는 대로 할게요' 이런 말을 습관적으로 쓰면서 아이는 점점 수동적으로 변해갑니다.

반대로 '반응 2'의 경험이 꾸준히 축적될수록 아이는 전혀 다른 성장 곡선을 걷게 됩니다. 부엌에 가서 통에 든 땅콩을 그냥 가져오는 것은 단순한 행위입니다. 하지만 이 과정에서 아이는 접시에 냅킨을 깔고 그 위에 땅콩을 담기로 스스로 의도한 것입니다. 아무리 사소한 일이라도 자발적인 의도가 생겨나는 이 순간이야말로 아이의 성장 포인트가 됩니다.

이것이 바로 주도성입니다. 하지만 아이의 주도성이 내면에 효과적으로 각인되려면 상대(아빠)의 반응과 상호성이 필요합니다. 아이가 혼자 독단적으로 무엇을 시작해서 고집스럽게 이어가는 것을 '주도성'이라 하지는 않습니다. 주도성이란 아이가 어떤 계획을 가지고 스스로 시작하는 것을 '누군가와 상호적으로 이끌어 가는 능력'입니다.

"와아, 민정이가 이렇게 했어? 대단하구나!" 하는 한마디로 인해 스스로 생각한 것에 대해 인정을 받기 때문에 아이는 점점 자신에 대한 믿음이 커져 갑니다. 그뿐만 아니라 이후에도 어떤 상황이 주어졌을 때 어른들의 요구나 명령에 수동적으로 응하기보다는 스스로 계획하고 능동적으로 행동하려는 시도를 하게 됩니다.

리더십은 주도성에서 시작된다

유치원 마당에서 대여섯 명의 아이들이 공놀이를 하고 있습니다.

농구처럼 공을 던져 통 안에 넣는 단순한 놀이지만 아이들은 깔깔거리며 신나게 놀고 있습니다. 다들 적중률이 꽤 높은 편인데, 한 아이(민수)만큼은 번번이 실패를 거듭합니다. 우연히 그 모습을 보게 된 민수 엄마가 안타깝게 한숨을 내쉽니다.

'다른 애들은 척척 잘도 넣는데 왜 우리 애만 저럴까?'

그때 마침 선생님이 엄마 곁으로 다가오더니 민수를 가리키며 말합니다.

"어머니, 민수가 저 놀이를 개발했답니다. 어디선가 공을 구해 오더니 통에 넣는 게임을 하자고 제안했죠. 민수가 스스로 놀이를 만들어 낸 거예요. 그리고 다른 아이들도 민수가 시작한 놀이를 재미있어 하며 따라 해주었어요."

공부나 운동, 혹은 놀이에 이르기까지 거의 모든 부모들은 자녀가 내놓는 결과물만 중시하는 경향이 있습니다. '무엇을 하고 있는가?'보다 '얼마나 해냈는가?'에만 더 집중하는 것이죠. 공을 던져 통 안에 넣는 행위는 결과물에 해당하며 아이들은 어른의 요구대로 그 일을 잘 해냅니다. 그러나 선생님이 잠시 자리를 비운 사이에 스스로 놀이를 고안해서 무료한 시간을 즐거운 시간으로 바꿀 수 있는 능력은 눈에 잘 띄지 않습니다. 그래서 이런 능력을 쉽게 간과하고 있지는 않은지요?

현대사회는 리더십을 강조합니다. 아이들이 다른 사람과 관계를 맺기 시작하는 유치원 시기부터 초, 중, 고등학교를 다니며 친구를 사귀고 이후 사회에 진출하여 자신의 분야에서 성공에 이르기까지 한 인간으로서 가져야 할 중요한 자질로서 리더십이 강조되고 있습니다.

우리가 일상에서 '리더십이 있어', '리더가 될 만해'라는 표현을 할 때면 가장 먼저 기업의 CEO나 조직의 대표를 떠올립니다. 대부분 CEO 또는 대표의 자질은 목표를 위해 여러 부수 기관과 스태프들을 이끌어 가는 능력, 그리고 상황에 따라 정확한 판단과 결단을 내릴 수 있는 능력으로 설명할 수 있습니다. 하지만 혼자서 독단적으로 판단하고 이끌어 갈 때 리더십이 있다고 말하지는 않죠.

성공적으로 기업을 운영하는 대부분의 CEO들을 관찰해 보면 부하직원들보다 꼭 능력이 뛰어난 것은 아닙니다. 하지만 그들은 각 분야의 유능한 인재들을 잘 이끌어 새로운 가치를 만들어 내곤 하죠. 그런 능력은 점수로만 나타낼 수 없는 '또 다른 능력'이며, 현대사회가 필요로 하는 자질이기도 합니다.

여기서 말하고 싶은 것은, 특히 유아 시기에 아이들은 자신이 생각하고 계획한 것을 스스로 해봄으로써 주도성이 발달하게 되고, 이것이 잘 형성될수록 이후 사회적 관계 속에서 훌륭한 리더로 성장할 가능성이 높아진다는 것입니다.

모든 부모가 바라는 자녀상은 '스스로 공부하는 아이'일 것입니다.

스스로 호기심을 품고 책을 찾거나 학습 계획을 세워 가며 주도적으로 공부하는 아이로 만드는 것이 모든 부모들의 바람입니다. 그럼에도 불구하고 노파심에서, 때로는 조바심이 앞서는 바람에 자녀를 과소평가하여 부모가 먼저 챙겨 주고 이끌어 주곤 합니다. 하지만 아이들의 인지학습이란 아이가 능동적으로 참여할 때에만 가능하다는 것을 잊지 말아야 합니다. 아무리 좋은 학원, 훌륭한 교사를 만나더라도 아이가 그것에 관심이 없거나 하고 싶다는 동기가 없다면 돈과 시간만 낭비하게 됩니다.

결국 주도성이란 스스로 선택하고 계획해서 다른 사람들과 함께 지속적으로 일을 진행해 가는 능력이라 할 수 있습니다. 특히 7세 이전에 형성되는 주도성은 이후 발달과정에서 리더십과 자신의 계획을 스스로 이끌어 가는 능력의 기초가 됩니다.

7세 이전, 주도성이 형성되는 결정적 시기

주도성이 형성되는 결정적 시기는 일곱 살 이전의 유아기입니다. 아동 발달에 대한 연구에 의하면 아이의 능력은 어떤 계획과 순서에 의해 지속적으로 변화해 가는데, 그 가운데 어떤 특성이 차별화되어 매우 급속하게 발달하는 시기가 있다고 봅니다. 이것을 발달에서는

'결정적 시기'라 말합니다.

예를 들어, 신체발달 과정의 경우, 아이가 세 살이 되면 성인 키의 약 절반까지 자라게 됩니다. 신장이 160센티인 20세 성인여자가 있다면 태어나서 2년 동안 이미 80센티가 자라고, 이후 18년 동안 나머지 80센티가 자란다고 볼 수 있죠. 하지만 18년 동안에도 정비례적으로 자라는 것은 아닙니다. 중학생이 되면 10~20센티씩 불쑥불쑥 크는 아이들도 있습니다. 몸무게의 경우, 약 3킬로로 태어난 아기가 100일 정도 되면 약 2배로 늘어나 약 6킬로가 되고 1년이 되면 약 9킬로가 됩니다. 1년만에 3배까지 증가하는 셈입니다.

신체의 경우처럼 두뇌에서도 이와 비슷한 과정이 진행됩니다.
에릭슨은 일곱 살 이전의 아이들이 부모와의 경험을 통해 단계적으로 성취하는 능력들이 이후 사회성 발달과 성공적인 사회적 관계를 형성하는 데 매우 유용한 시기라고 설명하고 있습니다.

태어난 지 1년이 지나면서부터 아이는 막 걸음을 떼기 시작하여 세상을 향해 능동적으로 나아갈 수 있게 됩니다. 그전까지는 눕거나 엎드려서 자신의 요구를 누군가가 들어주기만을 기대할 수밖에 없는 수동적인 존재였지만, 걷기 시작하면서부터는 원하는 것을 스스로 집어 먹을 수 있게 되면서 하고 싶은 것도 점점 많아집니다. 3세 유아들이 자율적으로 무엇인가를 스스로 하고 싶어 하는 것은 당연한 이치입니다. 여기서 '자율'이란 말 그대로 '내가 하고 싶은 대로 구속받지 않고 해보는 것'입니다.

발달과정은 서로 상호적이어서 이런 사회성 발달이 언어적으로 표현되기도 하는데, 이때 아이들이 잘 쓰는 단어가 앞서 이야기한 '내가' 그리고 '싫어'입니다. 하지만 이런 의지의 표현과는 달리 아이들은 아직 운동능력이나 근육 움직임이 미성숙한 탓에 실수가 많습니다. 컵에 우유를 따르다가도 왈칵 쏟거나 숟가락질이 서툴러 밥을 흘리기 일쑤입니다.

자, 이제부터가 중요합니다. 이럴 때 부모들은 어떻게 반응해야 할까요?

"거봐, 넌 못하잖아. 엄마가 해줄게, 응?"

엄마가 아이의 손발 역할을 해주면 식탁이며 마루는 지저분해지지 않을 수 있겠지만 바로 이 순간, 눈에 보이지 않는 중요한 기회가 사라집니다. 아이가 스스로 자유의지를 시험할 수 있는 기회 말입니다.

이전까지 아이는 누워만 있었고, 제대로 걷지도 못하여 눈앞에 있는 장난감도 자기 마음대로 잡지 못하는 안타까운 시기를 1년 가까이 보냈습니다. 그러다 이제 서툴게나마 이동 능력이 생겼고, 비로소 자기 의지대로 해보려고 마음이 바쁜 상태입니다. 하지만 아직은 다리 근육이나 손가락 움직임이 완전한 수준은 아니죠. 여기서 '완전한'이란 말을 오해하지 말아야 합니다. 돌 즈음의 아이에게는 뭐든지 흘리고 놓치는 것이 지극히 잘 발달해 가고 있는 상태이며 그 자체로도 완전한 것입니다. 그런데 어른들은 최상의 100퍼센트를 기준으로 정해 놓고 1세 아이의 행동을 50퍼센트 또는 30퍼센트 발달 정도의 미완성으로 보는 경향이 있습니다. 마치 고대사회에서 성인을 정상인으로 보고 아동은 덜된 인간 형태로 간주했던 것처럼 말이죠.

생애 최초로 자기 의지를 표현하고 싶어 하는 일련의 시도가 부모에 의해서 번번이 차단당할 때 아이는 점점 자기를 내면의 세계로 밀어 넣게 됩니다. 그리고 이후 학교에 들어가서는 엄마로부터 '왜 너는 다른 아이처럼 손들고 발표를 못하니?', '왜 남들 앞에서 네 생각을 당당하게 말하지 못하니?'라는 말을 듣게 될지도 모릅니다.

과연 아이의 잘못일까요? 아이의 자신감이나 표현 의지는 이미 오래전에 엄마의 친절한(?) 강탈에 의해 사라져 버렸는데 말입니다.

하고 싶은 일을 반복할 때 학습이 된다

지금 아이가 무언가를 열심히 하고 있다면 그것은 분명 아이가 '하기를 원한다는 것'이며, 이는 곧 '학습하기를' 원한다는 뜻입니다. 그리고 아이가 스스로 시작해서 주도적으로 해나가는 활동들을 지지해 주고 함께해 줄 때 아이는 그 일을 지속적으로 해나갑니다. 바로 이것이 아이가 혼자서 배워 나가는 방법입니다.

학습은 많은 반복을 통해 비로소 이루어집니다. 하나의 영어 단어를 완전히 외우려면 얼마나 반복해야 할까요? 어떤 학자는 1,000번 또는 2,000번쯤이라고 말합니다. 물론 횟수가 중요한 것은 아닙니다. 여기서 핵심은 '지속적인 반복'과 '실생활과의 연결'입니다.

처음 영어를 공부할 때 우리는 단어부터 외우기 시작했습니다. 아마도 연습장에 단어 하나를 볼펜이 닳도록 빼곡히 반복해 써본 경험이 있을 겁니다. 그러다 우연히 텔레비전 광고나 길거리 간판 따위에서 그 단어를 만나기라도 하면 서서히 체화되어 자연스럽게 사용하게 되죠. 분명히 그보다 어려운 단어도 외운 적이 있는데 실제로 사용하고 귀에 쏙쏙 들어오는 단어는 따로 있습니다. 무수한 반복과 실생활에서의 연결이 조화롭게 이루어졌을 때 그 단어는 비로소 나의 것이 됩니다. 어느 텔레비전 프로그램에서 생활 속 달인의 경지에 오른 사람들을 소개하는 것을 본 적이 있습니다. 그들은 그 분야에 대해 전문가도 아니고 특별한 소질이 있었던 것도 아닙니다. 단지 일상적으로 그 일을 반복하면서 달인의 경지에 도달하게 된 것입니다.

학습은 바로 자기가 가지고 있는 것이 숙련되었을 때 가능합니다. 아이들이 숙련된다는 것은 이러한 반복을 지속한다는 의미입니다. 하지만 반복과 숙련이 중요하다고 해서 "오늘부터 100번씩 반복해!"라며 숙제를 강요해야 할까요? 물론 그렇게 해서 10일 만에 1,000번을 반복하여 목표한 결과에 도달할 수는 있습니다. 그러나 부작용이 만만치 않죠. 힘들어하는 아이와 매일같이 실랑이를 해야 하고 양쪽 다 스트레스를 받아 가며 결과적으로 부모와 자녀 간의 관계마저 상처를 입게 됩니다.

그러나 만일 아이가 스스로 자기 학습을 주도한다면 결과는 기대 이상이 될 겁니다. 아이들은 원래 반복을 즐기는 존재입니다. 한 번 봤던 만화영화도 아이들은 수십 번 되감아 보며 까르르 웃고 즐거워합니다.

아이는 자기가 선택한 것에 대해 자발적으로 반복할 수 있습니다. 그 대표적인 예가 바로 게임입니다. 컴퓨터 게임이건 운동이건 아이들은 시키지 않아도 스스로 반복하고 심지어 점점 더 높은 수준으로 상향조절해 가며 새로운 기록을 위해 노력합니다. 스스로 선택한 활동이 주도성과 능동적인 참여 속에서 진행되기 때문입니다. 내가 하고 싶어서 시작한 일을 스스로 지속해 가는 이 힘이야말로 목표를 보다 높게 조정할 수 있도록 이끄는 것입니다.

이렇듯 아이 스스로 주도하는 활동들은 본인이 가장 학습하기 원하는 것들이라 할 수 있습니다. 자기가 하고 싶어서 시작하는 활동들을 부모가 따라 해주고 함께 참여하여 지속할 수 있도록 지지하고 반응해 줄 때 아이는 결국 스스로 더 많은 것을 배우고자 할 것입니다.

어떻게 주도적인 아이가 될까?

아동의 인지학습은 주로 본인이 능동적으로 학습을 하느냐에 따라 이루어집니다. 좀 더 단정적으로 이야기하자면 부모가 자녀에게 학습을 위한 높은 수준의 논리, 분류, 기억, 이해, 문제해결 능력을 직접 가르치며 주입한다고 해서 배워지는 것이 아니라는 것입니다. 많은 부모들과 전문가들이 잘못 알고 있는 부분이죠.

어른들은 중요하다고 생각하는 것들을 끊임없이 아이들에게 가르치려고 애를 씁니다. 자신의 경험을 바탕으로 아이에게 시행착오를 거치지 않도록 지름길을 알려주고 도움을 주면 아이가 쉽게 목표에 도달할 수 있으리라 생각합니다. 하지만 안타깝게도 이러한 노력은 큰 효과를 보지 못합니다. 부모가 자녀에게 꼭 심어 주고 싶어 하는 이 '기술'들은 유감스럽지만 외부로부터 주입될 수 있는 성질의 것이 아닙니다.

아이가 새롭게 발견할 것들을 자신이 알고 있는 사실에 근거해서 스스로 이해한 뒤 이것을 일상생활 속에서 반복적으로 실행해 가는 과정이 필요합니다. 그렇게 자신의 현재 생각과 논리를 현실에 적용하고 때로는 한계를 느껴 가며 스스로 지식의 영역을 확장해 갈 때 비로소 자기 것이 되는 것입니다.

'주도적인 아이'란 이러한 과정을 능동적으로 수행하는 아이를 말합니다. 능동적 학습은 아이가 스스로 원하여 활동에 참여할 때, 그리고 직접 경험한 것들에 대해 논리나 법칙을 자발적으로 이해하고자 노력할 때 가능해집니다. 이때 아이가 주도하는 어떤 활동에 부모가 적극적으로 반응해 주고, 지지자의 역할을 꾸준히 해주면 아이의 능동적인 학습은 단계적으로 결실을 맺기 시작합니다.

왜 이렇게 주도성이 중요한 걸까요?

아이가 어떤 활동을 주도한다는 것은 스스로 그 활동에 기꺼이 참여하기로 결정했다는 뜻이기 때문입니다. 아이가 원해서 스스로 참여하는 것은 곧 아이의 내면에 숨어 있던 흥미와 관심, 의도와 능력에 적합한 것임을 반영한 것입니다. 따라서 아이는 자신이 주도하는 활동에 더욱 능동적으로 참여함으로써 세계를 이해하고 다른 누구도 아닌 자기 자신으로 성장하는 것입니다.

아이들은 왜 게임을 좋아할까?

아이들은 왜 게임을 좋아할까요? 일단 게임은 재미있습니다. 그리고 자신이 하고 싶어 하는 것이고, 자기 능력 수준과 관심에 알맞기 때문입니다. 아이들이 컴퓨터 앞에 앉아 게임하는 모습을 세심히 관찰해 보면 세 가지 측면에서 아주 흥미로운 현상을 발견할 수 있습니다.

첫째, 집중력이 놀랍습니다. 한 시간은 물론이고 서너 시간도 좋습니다. 과도한 경우, 아이들은 하루 종일이라도 자리를 뜨지 않고, 식사도 그 자리에서 해결하며 게임에만 집중하기도 합니다.

둘째, 스스로 목표를 설정하고 단계를 상향조정합니다. 어려운 단계를 마쳤다고 해서 상이나 선물이 주어지는 것도 아닌데 단지 한 단계를 넘어섰다는 성취감 그 자체에 뿌듯해하며 다음 목표를 향해 스스로 자신감과 의지를 불어넣습니다. 이것이 일면 자기강화 self-reinforcement 입니다. 게임의 하위 단계를 어렵사리 성공하고 나면 보다 어려운 상위 단계에 도전하고 싶어 하고, 그 업그레이드 과정에서 스스로 희열을 느낍니다. 화면에서는 팡파르까지 울려 줍니다.

셋째, 게임 자체를 즐거워합니다. 그야말로 하고 싶어 안달이 날 지경입니다. 당연한 얘기지만 아이들이 그토록 놀라운 집중력을 발휘하고 스스로 목표를 설정하며 심취하는 것도 바로 게임이 지닌 '재미' 요소 때문입니다. 그러나 우리는 '게임=재미'라는 등식은 당연시하면서도 '학습=재미'라는 등식은 쉽게 인정하지 않습니다.

사실 게임에서 사용하고 있는 전략들도 알고 보면 학습전략과 다르지 않습니다. 그런데 어떤 부모들은 게임의 전략 중 '보상'이라는 외형적인 효과만을 이용해 아이들 공부에 적용하는 경우도 있습니다. 가령 특정한 인센티브를 걸어서 목표에 도달하면 '놀이공원에 가준다', '게임기를 사준다'며 학습의욕을 유도하기도 합니다. 하지만 이 방법은 지속적인 효과를 발휘하기 어려울 뿐만 아니라 아이가 게임할 때

만큼 즐겁거나 열광적이지 않습니다. 아이들에게 공부의 즐거움을 유지시키기 위해 계속 좋아하는 활동(놀이동산 가기 등)이나 물건(게임기 등)을 사줄 수도 없는 일이고, 또 욕구 수준을 맞추기 위해 점점 비싼 물건으로 상향조정하며 아이의 행동을 유지해 나갈 수도 없는 일입니다.

컴퓨터 게임의 전략을 학습에 일대일로 응용하는 데에는 무리가 있겠지만 게임을 유지시키는 심리학적 요소를 살펴보면 바로 '흥미'와 '목표설정 동기'에 있습니다. 이를 잘 안다면, 아이의 학습태도에 변화를 줄 수 있습니다.

아이는 흥미를 느껴야 집중한다

아이가 현재 주의를 집중하지 못한다면 어른이 제시한 것보다 더 흥미로운 것들이 아이 주변에 존재하고 있기 때문입니다. 그런데도 주의가 산만하다고 나무라는 것은 마치 강아지 앞에 고기 덩어리를 놓아두고 그것은 신경 쓰지 말라는 격입니다.

잠시 한 편의 영상을 떠올려 보십시오. 당신은 지하철을 타고 어디론가 가고 있습니다. 무료함을 달래기 위해 타블로이드 신문을 펴들었는데 옆에 앉은 사람은 휴대전화로 누군가와 통화를 하고 있고, 스피

커에서는 다음 정거장이 어디인지 안내방송이 울려 퍼지며, 잡상인은 큰 소리로 상품을 설명하고 반대편에서는 아이가 엄마에게 떼를 쓰며 울고 있습니다. 이외에도 몇 가지 장면이 더 추가되면서 동시에 꽤 많은 상황이 벌어지고 있습니다. 그런데 지하철에서 내리자마자 그때의 상황을 기억하라고 한다면 당신은 무엇을 기억하고, 또 무엇을 놓치게 될까요? 아마도 그 상황에서 내 주의를 좀 더 끌었던 장면을 가장 먼저 기억하게 될 것입니다.

주의를 통해 뇌에 각인된 장면과 그저 흘러간 장면은 분명한 차이가 있습니다. 일단 어떤 정보에 나의 주의를 기울여 주어야 그것들이 뇌에 입력되고 저장되었다가 필요할 때 요긴하게 꺼내 쓸 수 있습니다. 이를 테면 공부했던 내용을 잘 기억해서 시험 때 얼마나 제대로 작성하느냐와 동일한 상황인 것입니다.

아이들이 학원이나 학교에서 선생님이 강의하는 내용을 기억하고 저장하려면 먼저 선생님께 주의를 집중해야 합니다. 아이들은 자신의 능력 수준과 적절하게 맞을 때 비로소 흥미를 가지고 한번 시도해 보고 싶은 호기심을 가지게 됩니다. 실행에 옮길 정도의 호기심이 생겼다면 비교적 주의를 집중하기가 쉬워집니다.

아이들이 하는 모든 활동들, 즉 학습, 놀이, 상호작용 들은 아이의 현재 관심사와 수용능력, 그리고 눈높이에 초점을 맞추어야 합니다. 학습하는 사람은 부모 자신도 교사도 아닙니다. 바로 아이 자신입니다.

주의를 집중해야 하는 당사자는 바로 아이인 것입니다. 따라서 아이가 흥미로워하는 방식에 초점을 두어야 모든 학습의 기초인 주의를 이끌어 낼 수 있다는 것입니다.

이제부터 목표는 '과정을 즐기는 것'

학습은 능동적으로 참여하는 환경에서만 제대로 이루어질 수 있습니다. 또 이러한 능동적인 참여는 결과가 아닌 과정을 중시할 때 더욱 큰 효과를 발휘합니다.

학습 목표를 과정에 둔 아이는 외적으로 주어지는 보상보다는 과정 자체에 즐거움을 느끼기 때문에 어렵고 도전적인 과제를 스스로 즐기고 적극적으로 자신이 할 수 있는 학습전략을 사용해서 해결해 보는 열의를 가지게 됩니다. 그리고 이러한 과정 속에서 자신이 설정한 기준에 도달하게 되는 것이고 높은 성취감을 경험하게 됩니다.

이렇듯 '자기가 세운 계획을 스스로 진행하는 과정'을 경험한 아이들은 학습에 대한 흥미와 자신감이 더욱 증가하게 됩니다. 그러나 반대로 결과에 목표를 두는 아이들은 자신의 능력을 내보이고 증명해 보이는 기회로써 과제를 대하기 때문에 어렵고 도전적인 과제보다는 성공 확률이 높은 비교적 쉬운 과제를 선택하려 합니다. 이런 경우 아이들은 실패에 대한 두려움이 상대적으로 높게 나타나곤 하죠.

과정을 중시하는 아이들의 경우에는 과제 수행 자체가 자신의 실력평가라고 생각하지 않는다는 점에서 분명한 차이가 있습니다. 이들은 실패가 자신의 능력이나 실력 때문이 아니라 잘못된 전략을 사용했거나 노력의 방향이 잘못되었기 때문이라고 생각하고 다른 전략 수행 계획을 세워 재시도할 수 있게 됩니다.

다시 말해, 과정을 즐기는 아이들에게 학습은 게임과도 같습니다. 게임에서는 현재 미션에 실패했다고 해서 크게 문제가 되지 않습니다. 또한 어떤 부모도 아이에게 시간 제한을 두고 게임의 마지막 단계에 반드시 도달해야 한다는 목표를 제시하지는 않을 것입니다. 그러나 학습 분야는 다릅니다.

부모들은 공공연하게 '이번에는 100점을 받아야 한다'거나 '10등 안에 들어야 한다'는 식으로 성취해야 할 결과와 목표를 제시하곤 합니다. 어느 실험에서 두 학생에게 어떤 문제를 풀게 한 뒤 교사가 A학생에게는 "너 진짜 똑똑하다, 넌 역시 천재야", "진짜 잘하는데?"라고 칭찬하고, B학생에게는 "재미있게 풀었니?", "너 참 열심히 하더라. 집중력이 대단한데?"라고 말해 주었습니다.

그다음 난이도가 높은 세 문제를 제시한 뒤 스스로 선택하라고 했을 때(실제로는 세 문제 모두 동일한 난이도임) A학생은 자신이 천재라는 환상을 깨고 싶지 않았기 때문에 위험부담이 적은 쉬워 보이는 문제를 택했고, B학생은 좀 더 어려워 보이는 문제를 택했습니다. B학생에게 그 이유를 묻자 난이도가 높아야 문제 푸는 재미가 있기 때문이라고 답했습니다. 여기서 A학생은 결과에 목표를 둔 경우이고, B학생은 과정에 목표를 둔 경우입니다.

두 번째 실험에서는 아이들이 푼 문제를 50퍼센트만 성공한 것으로 통보한 뒤 또 한 차례 문제를 풀어 보라고 했습니다. 이때 A학생은 쉽게 자신감과 흥미를 잃어 두 번째 수행에서는 처음보다 더 낮은 결과를 보인 반면, B학생은 실패 후에도 과제에 대한 흥미나 자신감을 쉽게 상실하지 않고 다른 전략을 시도해 보며 과제를 계속해서 충실히 수행한 결과 처음보다 더욱 향상된 결과를 보여 주었습니다.

두 가지 실험을 현실 생활에 비추어 본다면, 부모가 아이로부터 100점이라는 결과를 원할 때 아이는 어떻게 하든 100점을 맞기 위한 경험을 찾게 될 것입니다. 그것이 어떤 과정이고 어떤 종류의 학습인가보다는 오로지 100점이 가능한가에 맞춰 과제를 선택하게 될 것입니다. 그리고 목표에 도달하지 못했을 때 쉽게 좌절하고 다음 단계로 나아가지 못하게 되곤 합니다.

자신감을 뺏으려면
'1등'을 강요하라

이제 갓 초등학교에 입학한 동우의 경우를 살펴볼까요? 동우는 평소에 밝고 건강한 데다가 유치원에서도 또래보다 잘한다는 소리를 곧잘 듣는 아이였습니다. 초등학교에 들어가서도 동우는 비교적 잘 적응해 가고 있었습니다. 그러던 어느 날, 갑자기 학교에 가기 싫다며 떼를 쓰기 시작했습니다. 그런 날이 점점 잦아지자 엄마는 결국 상담을 요청하기에 이르렀습니다.

상담을 위해 동우와 가족에 대한 심리 검사와 면담을 병행하는 과정에서 중요한 점을 발견했습니다. 동우가 뭔가를 시도할 때마다 부모는 버릇처럼 "1등 했니?", "100점이야?" 같은 질문을 쉽게 내뱉곤 했다는 것이었습니다. 물론 동우의 부모는 아이가 무엇이든 또래보다는 잘하는 편이고 성취욕도 있어서 더욱 북돋아 주고 부추겨 주는 것 외에는 아무런 강요도 한 적이 없다고 생각했습니다. 하지만 실상은 그렇지 못했습니다. 동우 아빠는 동우와 사소한 게임을 할 때조차도 아이라고 봐주는 법이 없었습니다. 그러면서 "아빠를 이기려면 좀 더 열심히 해야 할 거야"라고 말하곤 했답니다. 세상의 냉정한 경쟁 속에서 최고가 되어 성공하려면 처음부터 강하게, 경쟁에서 이기는 습관이 필요하다는 것이 아빠의 생각이었죠.

늘 이겨야 한다는 생각, 1등 해야 한다는 생각이 있었던 동우는 초등학교 생활이 시작되자마자 반에서 자기보다 잘할 것 같은 아이들이 3명이나 있다는 사실에 기가 죽고 말았습니다. 물론 객관적인 평가도 아니고 오로지 자신의 관찰에 의한 판단일 뿐이었습니다. 그때부터 동우에게는 학교에 가는 것이 스트레스가 되었습니다. 스스로 1등 하기 힘들 것 같다는 판단으로 인해 그 어떤 도전도 해보지 않고 회피하기 시작했던 것입니다. 아빠의 예측하고는 다른 결과였지요. 이겨서 1등을 해야 하는데 오히려 해보기도 전에 포기하니 말입니다.

자신감이란 객관적 능력에 대한 판단이 아니라 스스로 생각하고 믿는 감정적 판단입니다. 동우는 분명 능력이 있는 아이였지만 자기 자신을 믿는 데에는 어려움을 겪고 있었습니다. 남보다 뛰어난 아들이 되기를 원하는 부모의 소망은 여전히 변하지 않았지만 동우는 하루하루가 힘들기만 합니다.

모든 부모는 자녀에게 가장 좋은 것, 훌륭한 것, 유익한 것을 주고 싶어 합니다. 그 마음이 지나치다 보니 학습에서도 아이를 위해 중요하다고 판단한 것들을 먼저 선택한 뒤 아이를 거기에 맞추려 합니다. 때로는 강압적으로, 때로는 여러 가지 보상(놀이동산, 게임기 등)을 제시하며 아이를 유도해 봅니다. 이런 노력들은 초기 몇 번 정도는 효력을 발휘할 수 있지만 결국은 실패로 끝나기 쉽습니다.

때로는 부모가 주도한 활동이나 대화 주제에 아이들이 반응하도록 유도하기도 합니다. 하지만 이것 역시 아이 스스로 주도하는 법을 배울 수 있는 기회를 빼앗는 것입니다. 왜냐하면 어떤 장난감이나 놀이도구를 가지고 어떻게 놀 것인가를 선택하는 당사자가, 아이가 아닌 부모이기 때문입니다. 아이가 어떤 일을 꾸준히 주도적으로 수행하도록 이끌기 위해서는 아이 자신이 선택한 장난감으로 상호작용하고 스스로 활동을 시작할 때까지 기다려 줘야 합니다.

아이들은 누구나 자신만의 능력을 가지고 있습니다. 아이들의 잠재력을 최대한 끌어내기 위해서는 열심히 '하는 것'에 초점을 두고 도전하는 그 자체를 즐길 수 있도록 해주어야 합니다. 그리고 자신이 가지고 있는 능력을 보여 줄 수 있도록 '기회'를 주는 것이 중요합니다. 아이와 부모가 함께하는 상호작용을 관찰해 보면 부모가 주도하는 경우와 아이가 주도하도록 기다려 주는 경우에서 상당한 차이를 발견할 수 있습니다.

현재의 발달수준이 어느 정도인가에 상관없이 아이가 주도하는 상황에서 "어머, 어떻게 저 장난감 가지고 저렇게 할 생각을 했을까"라는 말을 하게 되는 경우가 많습니다. 스스로 주도해 나갈 때 아이는 여러 대안적인 전략을 생각해 내며 도전하는 과정을 즐길 수 있다는 사실을 잊지 말아야 합니다.

나이가 많건 적건 인간은 스스로 동기를 부여했을 때 어떠한 어려운 시련도 이겨 낼 수 있는 힘을 지니게 되며 더 큰 가치와 성취를 위해 자기 자신을 스스로 이끌어 가게 됩니다. 그리고 커다란 자신감으로 이어지고 그 과정에서 더 없는 행복을 느낍니다.

아이들이 망가진 장난감을 좋아하는 이유

어른들은 자기 연령에 비해 난이도가 높은 장난감이 아이의 두뇌 발달에 더욱 도움이 되리라는 착각에 빠지곤 합니다. 그래서 다양하고 신기한 장난감이나 책들을 세트로 사다 주곤 하죠. 그런데 아이는 이상하게도 값비싸고 훌륭한 장난감보다는 값싸고 다소 유치하고, 때론 너무 많이 가지고 놀아서 망가지기까지 한 장난감들에 더 관심을 보일 때가 있습니다. 엄마가 아무리 내버리려 해도 아이는 그 조잡한 장난감들을 끝까지 고수하려 합니다.

아이를 잘 관찰해 보세요. 어른들이 보기에는 쓸모없게만 보이는 장난감이라도 아이는 이렇게도 해보고 저렇게도 해보며 스스로 탐색하고 새로운 이해를 만들어 갑니다. 아이들은 자신이 선택한 것을 좋아하고 자신이 선택할 때 비로소 능동적인 학습이 이루어집니다.

그렇다면 아이가 무엇을 좋아하고 무엇에 관심이 있는지 어떻게 알 수 있을까요? 방법은 너무도 간단합니다. 장난감 앞에서 아이가 어떻게 하는지 관찰해 보는 겁니다. 만일 아이가 망설임 없이 어떤 장난감을 집어 들고 지속적으로 그것을 갖고 논다면 그 장난감은 아이가 혼자서도 다룰 수 있는 수준의 것이며 그만큼 관심을 끄는 대상인 것입니다. 하지만 아이가 장난감에 눈길조차 두지 않고 근처에 왔다가도 금세 고개를 돌린다면 그 장난감은 수준에 맞지 않거나 그다지 흥미롭지 않은 것입니다. 이때 부모가 그 장난감을 들고 '이거 재밌겠다, 이리 와서 같이 놀자'며 아무리 유인해도 소용없습니다.

부모가 간섭하지 않는 상황에서 스스로 선택한 장난감을 가지고 주도적으로 놀이를 진행하는 아이를 자세히 관찰해 보면 특이한 점을 발견할 수 있습니다. 아이는 장난감을 결코 본래의 용도대로만 사용하지 않습니다. 아이들은 그때그때의 관심사에 따라 장난감의 기능을 얼마든지 변형시키는 능력이 있습니다. 예를 들어 아이가 장난감 조리도구를 들고 가스레인지를 자꾸 두드린다면 지금 아이의 관심사가 뭔가를 두드리는 것에 가 있다는 증거입니다.

어른들은 모든 물건들이 저마다 주어진 고유 기능들이 있고, 그 기능에 따라 적절히 사용해야 한다는 사실을 아이에게 분명히 가르쳐 주려 합니다. 따라서 포크는 먹는 데 사용하고 빗은 머리를 빗는 데 사용해야 하듯이 장난감 가스레인지도 두드리는 목적이 아닌 소꿉장난을 위한 것이어야 하고, 장난감 링은 입에 넣거나 던지는 것이 아니라 고리에 거는 것이어야만 합니다. 어른들이 사물을 1:1로만 대한다면 아이들은 1:10, 1:100으로 대합니다. 그만큼 아이의 상상력에는 경계가 없고 무한하죠. 그런데도 부모의 편협한 생각들을 아이에게 주입시키려 한다면 아이의 능동적인 학습동기는 사라지게 되고 무한하던 상상력의 세계도 그만큼 축소될 수밖에 없습니다.

아이가 현재의 지식 수준과 이해도에 맞게 자신이 생각한 방식대로 노는 것을 지지해 보세요. 결과는 전혀 다르게 나타날 것입니다.

그렇다면 부모는 어떻게 아이의 주도성을 키워 줄 수 있을까요?

아이가 주도하는 바에 따르기

What 무슨 뜻인가요?

어떤 활동이든 놀이든 아이가 먼저 시작할 때까지 엄마가 기다렸다가 이를 지지해 주어야 한다는 뜻입니다. 엄마가 아이에게 먼저 제안하지 마세요. 엄마는 뒤로 물러나 아이를 지켜보다가 아이가 엄마를 필요로 할 때 비로소 나서야 합니다. 아이가 스스로 흥미로워하는 것을 엄마가 응원해 줄 때 아이는 자신만의 능력을 보여 주며 능동적으로 변해 갑니다.

아이가 가지고 노는 것은 무엇이든지 그 순간에 아이에게 흥미로운 것입니다. 사람은 누구나 관심 있는 활동을 할 때 동기가 생기고, 스스로 발견한 흥미로운 정보일 때 잘 배우려고 노력합니다. 아이가 흥미 있어 하는 것에 더 많이, 더 자주 반응해 줄수록 아이는 점점 더 많은 것에 관심을 보일 것이고, 더 많이 배우려는 의욕이 강해질 것입니다.

How 어떻게 할까요?

◆ 아이가 하는 방식 그대로 장난감을 가지고 놀거나 함께 활동하세요.
◆ 아이가 가지고 노는 장난감을 굳이 부모의 원칙대로, 부모의 방식대로 갖고 놀도록 강요하지 마세요. 언제나 아이가 선택한 방식을 존중하고 따라 주세요.

06
아이에게 자신감이 생기도록
부모는 인정하고 믿어 준다

사소한 상황에서도 '역시 나야', '내가 해낸 거야'라며 스스로 뿌듯해하거나 다소 과하다 생각될 정도로 당당하게 행동하는 사람을 볼 때 우리는 자아도취라는 말을 씁니다. 겸손을 미덕으로 여기는 사회일수록 이러한 자아도취는 자만이나 교만으로 평가되기도 합니다.

하지만 자신감에 대한 정의에 깊이 들어가다 보면 자아도취나 교만과 만날 수도 있습니다. 자신감이란 자기 자신에 대해 누구의 판단도 아닌, '스스로 느끼는 판단'이라 할 수 있습니다.

그렇습니다. 자신감이란 자신에 대한 주변의 객관적이고 보편적인 판단보다는 나에 대해 믿고 느끼는, 즉 스스로 인정하는 주관적이고 절대적인 감정입니다.

아이 어른 할 것 없이 자신이 목표한 바에 도달하기 위해서는 자신감이 필요합니다. '난 할 수 있어'라고 생각했을 때와 '과연 해낼 수 있을까?'라고 의심했을 때 결과는 물론 과정에서도 차이가 발생할 수밖에 없습니다.

부모의 기대가 지나치면
아이는 무력해진다

어느 부모도 자녀가 소극적이거나 위축된 아이로 성장하기를 바라지는 않습니다. 그런데 아이를 좀 더 훌륭하고 똑똑하게 키우고 싶다는 부모의 의지 때문에 정반대의 현상이 벌어지기도 합니다.

일곱 살 성준이는 체구도 작고 운동도 잘 못하지만, 놀이에는 매우 적극적이고 또래보다 학구적인 편입니다. 평소 책 읽기가 취미이고 특히 각종 과학시리즈 서적이나 성경 관련 책은 거의 외우다시피 할 정도여서 다가올 학교생활에 대해서는 별 걱정이 없다고 했습니다. 그런데 초등학교 입학을 몇 달 앞둔 어느 가을날, 성준이가 다니는 어린이집 선생님이 어머니와 상담을 요청했습니다. 성준이 엄마는 걱정부터 앞섰습니다.

"성준이한테 무슨 문제라도 있나요?"

이어지는 선생님의 대답에 엄마는 당혹감을 감추지 못했습니다.

선생님이 관찰한 성준이의 문제점은 크게 두 가지였습니다. 하나는 친구들이 놀리거나 물건을 빼앗아도 방어할 줄 모르고 그냥 울먹거리며 피하기만 한다는 것. 또 하나는 선생님이 불러도 말을 못 알아듣는 건지, 안 들리는 척하는 건지 전혀 반응이 없고 그저 혼자 놀이나 책에만 몰두하는 경향이 있다는 것이었습니다.

이제 곧 초등학교 입학을 앞둔 시점에 성준이 엄마의 충격은 클 수밖에 없었습니다. 비록 체구가 작긴 하지만 언제나 똑똑하다는 소리를 들으며 자랐고, 밝고 활동적이면서 양보를 잘하는 편이라 친구들에게 환영받을 것이라 여겼기 때문입니다.

결국 엄마는 성준이와 함께 본격적인 상담을 받게 되었습니다. 상담이 진행되면서 성준이를 관찰한 결과 자기의 의견을 제대로 표현하지 못한다는 점이 가장 문제로 드러났습니다.

"엄마, 저것 하고 싶어"라고 말하다가도 엄마가 잘 못 알아들어서 확인하려고 "뭐라고 했니?"라고 되물으면 "아니야" 하고는 금세 자기 의견을 철회하기 일쑤였습니다. 또 어쩌다가 별일 아닌 상황에서도 갑자기 큰 소리로 울음을 터뜨려 엄마를 당황하게 만들기도 하고, 쉬운 과제는 금방 해내면서도 조금 낯설거나 어렵다 싶은 과제는 회피하거나 조금 시도하다가도 실수가 나타나면 금세 시무룩해지며 포기해 버리는 것이었습니다.

유아교육을 전공한 성준이 엄마는 아이가 세 살이 될 때까지 온갖

좋다는 학습방법과 놀이도구를 동원하여 정성껏 아이를 키워 왔습니다. 그러다 여동생이 태어나고부터 성준이에게 쏠렸던 관심과 시간이 현저히 줄어들게 되었죠. 오빠가 된 성준이는 동생에게 양보해야 하는 일이 자주 생겼습니다. 그때마다 엄마는 "우리 성준이, 참 착하구나" 하고 쓰다듬어 주곤 했죠. 그런데 어린이집에서 또래들과 상호작용을 해야 하는 상황에 직면하면서부터 문제가 생기기 시작했습니다. 언제나 양보하는 것이 착한 행동이라고 배워 온 터라 또래와의 작은 경쟁이나 소소한 갈등 상황에서도 무조건 양보하거나 회피하는 것이었습니다. 게다가 성준이는 체구마저 작아 체육 활동이 활발하지 못한 탓에 놀이에 참여하는 횟수도 자꾸 줄어들고 결국은 남자 아이들 사이에서 왕따 비슷한 취급을 받기에 이른 것입니다.

상담 과정에서 아이와 함께 놀이하는 상황이 주어지자 성준이 엄마는 몹시 당황스러워했습니다. 인지적으로 아이를 가르치는 것만이 아이와의 상호작용이라 생각했던 성준이 엄마에게 '놀이를 통한 상호작용'은 낯설기만 했던 것입니다.

역시나 엄마의 놀이 유형은 아이에게 인지적 사실을 다루는 설명이나 무엇을 대답하도록 요구하는 질의응답식에 가까웠습니다. 아이와의 대화도 절대적으로 엄마의 말이 대부분을 차지했습니다.

아이를 변화시키기 위해 엄마의 상호작용 방식을 조금 바꿔 보도록 했습니다. 엄마가 장황한 질문이나 설명을 하지 않는 대신 아이의 말을 먼저 듣고 격려해 주도록 하고, 아이 수준의 언어로 반응해 가며 대화하도록 했습니다. 그리고 무엇보다 아이가 하고자 하는 놀이 형태에 무조건 동의하고(전에는 폭력적인 것은 못하게 하는 등 다소 제한이 많았다고 합니다) 아이가 원하는 것에 민감하게 반응하도록 했습니다.

==자신감은 스스로 가치 있게 여기는 마음에서 자라나기 때문에, 자신감을 싹틔우기 위해 처음에는 아이의 것을 무조건 인정해 주는 과정이 필요합니다.== 성준이는 매우 소심한 성향이라서 엄마에게 직접 마음을 표현하지 못하고 속으로만 엄마의 관심을 갈망했을 겁니다. 하지만 엄마의 관심은 늘 동생에게만 쏠리고 성준이는 번번이 자신의 요구가 좌절되면서 더더욱 위축되어 온 것이지요.

어머니와의 놀이방식이 달라지자 아이는 서서히 상호작용의 즐거움에 눈뜨기 시작했고 그와 더불어 점차 자신감도 회복해 갔습니다. 이제는 먼저 장난감을 선택해서 엄마에게 함께하자며 권하거나 친구에게 먼저 다가가 큰 소리로 또박또박 자신의 생각을 설명하기도 했습니다. 예전처럼 요구사항이 제대로 전달되지 않으면 갑자기 울음을 터뜨리거나 감정적인 폭발을 일으키는 모습 등은 전혀 보이지 않았습니다.

몇 개월 뒤 성준이는 초등학교에 입학했습니다. 여전히 책 읽기를 좋아해서 책에 빠져들면 주변 상황에 무심해지곤 하지만 친구들과도 스스럼없이 어울리며 학교생활에 잘 적응해 나가고 있습니다.

미국의 심리학자 셀리그만^M. Seligman은 개를 대상으로 흥미로운 실험을 한 바 있습니다. 우선 바닥과 벽 전체에 전기가 흐르도록 만들어진 방에 건강한 개 한 마리를 들여보내고 빠져나오지 못하도록 합니다. 이때 바닥에 전기가 흐르면 개는 자극을 피하기 위해 이리저리 뛰어다니며 문을 긁어 대는 등 여러 가지 시도를 하게 됩니다. 그러나 사방 어디에나 전기가 흐르고 빠져나갈 구멍이 없다는 사실을 깨닫게 되자 개의 활동은 현저히 줄어들기 시작합니다.

다음 날 그 개를 다른 방으로 옮겼습니다. 이 방은 한쪽 바닥만 전기가 통하고 다른 쪽은 전기가 흐르지 않도록 장치해 놓은 방입니다. 개는 조금만 몸을 이동하면 얼마든지 전기 자극을 피할 수 있습니다. 그러나 아무리 전기 자극을 주어도 개는 피하려 하지 않았습니다. 그냥 그 자리에 서서 고스란히 전기 자극을 참아 낼 뿐입니다. 왜 그럴까요?

개는 어떤 시도를 해봐도 소용없다는 사실을 이미 배워 버린 것입니다. 결국 반복되는 실패 경험이 '나는 아무것도 할 수 없어'라는 무력감을 학습하게 만든 셈이죠. 자기 스스로 무엇을 시도하려 하지도 않고 포기 상태로 무력감에 빠져 있는 이런 상태를 심리학에서는 '학습된 무력감^learned helplessness'이라고 합니다.

이것은 단지 실험에 관한 이야기가 아닙니다. 우리 일상 속에서도 이러한 '학습된 무력감'은 쉽게 만날 수 있습니다. 어릴 때부터 형성된 무력감이 성인이 된 뒤에도 여전히 한 개인의 삶을 짓누르는 경우도 자주 있죠.

부모는 자녀의 성공적인 삶을 위해 어릴 때부터 좀 더 나은 방법과 지름길을 가르쳐 주고 싶어 합니다. 하지만 이 과정에서 부모들은 자칫 자녀들로 하여금 '난 못하잖아', '나는 절대로 혼자서는 할 수 없을 거야'라는 자신에 대한 부정적인 신념, 즉 무력감을 가르치는 것은 아닌지 생각해 보아야 할 것입니다.

작지만 소중한 '성공의 경험'

늘 100점만을 강요받은 동우 이야기를 다시 해볼까요? 동우는 초등학교에 입학하기 전에 이미 영어 유치원과 수학 학원 등 몇 개의 학원을 다니며 충분히 선행학습을 마친 상태였습니다. 하지만 언제나 '1등', '최고'만을 강조해 온 부모 때문에 오히려 자신감을 잃었죠. 그런데 동우가 상담을 받던 시기에 지수라는 아이도 함께 상담을 받았습니다. 지수는 동우처럼 학교에 가기 싫어하는 케이스는 아니었지만, 아주 산만하고 집중을 잘하지 못해 선생님을 힘들게 하곤 했습니다. 결국 주위 사람들로부터 ADHD가 아닌지 상담을 받아 보라는 권유로 상담실을 찾게 된 것입니다. 물론 겉으로 드러난 행동만을 가지고 과잉행동이라 진단하는 것은 매우 위험한 일입니다.

　잠시 엄마와 선생님이 이야기하는 동안 두 아이가 노는 행동을 관찰하면서 중요한 차이를 발견할 수 있었습니다. 두 아이 모두에게 펜토미노(테트리스 게임에 나오는 도형 모양으로 생긴 다양한 조각들을 정사각형틀에 빈틈없이 맞추는 퍼즐 게임)를 맞춰 보라고 권하자 동우는 힐끗 보더니 "안 할래요. 하고 싶지 않아요"라며 지나쳐 버렸습니다.

　사실 펜토미노는 꽤 어려운 퍼즐입니다. 그런데 아예 시도조차 하지 않으려는 동우와 달리 지수는 다짜고짜 달려들어 자기 마음대로 시도해 보는 것이었습니다. 그러고는 실패할 때마다 과감하게 조각들을 엎어 버리고 땀을 뻘뻘 흘려가며 다시 짜 맞추기를 끝없이 되풀이했습니다.

　겉으로 드러난 행동만으로 주의집중이 안 되고 지나치게 산만하거나 과장된 행동을 한다는 지수였지만, 펜토미노 게임에 임하는 자세를 보니 꼭 그런 것만도 아니었죠. 상담을 한 결과 지수는 동우처럼 부모로부터 1등을 강요받거나 자신의 수준보다 어려운 과제를 수행해야 하는 압박감을 가져 본 경험이 없었습니다. 즉 '무력감을 학습하는 경험'이 없었던 것이죠.

　여기서 중요한 것은 동우의 행동입니다. 동우는 과연 펜토미노 게임에 흥미가 없었을까요? 그렇지 않습니다. 다만 자신이 생각하기에 성공하지 못할 것 같아 아예 시도조차 하지 않은 것입니다. 유치원 시기의 성취 수준은 이후 계속될 단계의 난이도를 감안한다면 시작에 불과합니다.

아마 이대로 계속 간다면 동우는 1등, 혹은 100점을 얻기 위해 자신의 수준보다 언제나 낮은 과제, 그래서 확실히 1등과 100점이 보장된 도전만을 선택할 것입니다.

동우와 지수의 차이는 무엇일까요?

첫째, 동우는 결과 자체를 능력으로 보고 있습니다. 그래서 과정을 즐길 수 있는 기회마저 놓치는 셈이죠. 반면 지수에게는 '퍼즐을 다 맞추지 못하면 내가 능력이 없거나 멍청하다는 증거야'라는 생각이 전혀 없습니다. 이것은 단지 놀이일 뿐이고 다 맞추든 못 맞추든 과정 그 자체를 즐기며 도전할 뿐입니다. 동우가 퍼즐 게임을 놀이가 아닌 반드시 수행해야 할 과제로 여기며 100점이 아니면 모두 실패라고 생각하는 것과는 완전히 다른 접근이죠.

하지만 동우는 놀이든 과제든 O, X라는 단순한 논리로 생각합니다. 따라서 실패할 상황은 X이며 섣불리 시도했다가 낭패를 보게 될 거라는 두려움 때문에 매번 아주 쉬운 수준만을 택하게 되겠지요. 그래서 결국 목표를 점차 높이며 발전해 가는 일이 어려워질 겁니다.

둘째, 지수는 실패를 두려워하지 않기 때문에 언제 어느 때나 쉽게 실행해 볼 기회가 많습니다. 연습이란 자주 실패해 보는 과정입니다.

처음이 없다면 끝도 없듯이 연습이 없다면 숙련도 불가능합니다. 서투른 시작은 곧 성공적인 결과를 향한 중요한 시도인 것입니다.

100점 받는 경험을 많이 하면 할수록 자신감이 쌓이는 게 아니냐는 반론도 있을 수 있습니다. 맞습니다. 성공의 체험은 분명 아이들에게 자신감을 키워 줍니다. 하지만 결과가 목표가 되어서는 안 된다는 것입니다. 먼저 작은 성공의 경험이 쌓여야 자신감이 더 커집니다. 작고 사소한 성공이라 할지라도 격려해 주고 성취감을 차곡차곡 쌓아 가는 것이 중요합니다. 사소한 것은 무시하고 대단한 성취에만 박수를 보낸다면 이것은 곧 '언제나 1등 하라'는 압력으로 작용하게 될 것입니다.

어떻게 자신감 있는 아이가 될까?

자신감이란 측정 가능한 실제 능력이라기보다는 잠재력을 이끌어 내는 심리적 주문에 가깝습니다. 따라서 자신감이란 능력이 있느냐 없느냐보다는 자기 자신을 얼마나 믿느냐에 달렸다고 볼 수 있습니다.

성공하기에 충분한 능력을 가지고 있음에도 불구하고 매사에 자신을 무능력하게 여기는 사람이 있고, 고만고만한 실력인데도 늘 당당하고 긍정적으로 살아가는 사람이 있습니다.

아이의 경우에도 마찬가지입니다. 자신감은 실제 능력과는 상관없이 아이가 자신에 대해 어떻게 인식하는가에 달려 있습니다.

만일 아이가 완벽주의자처럼 자신이 만들어 놓은 결과에 도무지 만족하지 못하거나 자기 수준보다 훨씬 높은 기대치를 가지고 있다면 자칫 무력감으로 이어질 가능성이 있습니다. 어린아이가 완벽주의에 사로잡혀 있다면 그것은 거의 부모의 책임인 경우가 많습니다. 부모가 대단히 완벽주의적인 성향이 있거나 부모 자신이 이루지 못한 성취를 자녀에게 기대할 때 아이들을 쉽게 좌절할 수 있습니다. 언제나 기대치에 맞는 결과를 내기란 불가능에 가깝기 때문입니다. 그래서 결국 시간이 갈수록 아이는 자신감이 줄어들고 마침내 무능력하게 행동하게 되는 것입니다. 셀리그만 실험에서 증명된 것처럼 '나는 할 수 없어'라는 학습된 무력감이 자신을 지배하게 되어, 얼마든지 성공할 만한 상황에서도 도전해 보려는 동기를 발휘하지 못하고 포기하거나 아니면 아예 도전하지도 않게 되는 것입니다.

아이가 자기 능력에 대해 스스로 어떻게 생각하고 판단하느냐는 성적에도 중요한 영향을 미칩니다. 많은 학자들은 실험을 통해 능력이 있는 학생인데도 자신감이 낮고 자신을 무능력하다고 지각할 때 기대보다 형편없는 성적을 낸다는 사실을 확인한 바 있습니다.

가령 능력은 있지만 자신감이 없는 3~4학년 학생들을 조사한 결과, 학업에 대한 호기심과 즐거움은 낮고 불안, 분노, 그리고 지루함은 높게 나타났습니다. 그리고 실제로 수학이나 사회 과목에서 아주 낮은 점수를 기록하기도 했습니다.

초등학교 1학년 때에는 국어시간에 받아쓰기 시험을 봅니다. 선생님이 미리 단원을 정해 주기 때문에 집에서 엄마와 조금만 공부하면 좋은 점수를 받을 수 있죠. 민지는 받아쓰기 시험에서 언제나 90점, 100점을 받는 아이였습니다. 그런데 어느 날 70점을 받고는 풀이 죽어 있었습니다. 이때 같은 반 아이가 "나 받아쓰기 100점 맞았다!"라며 의기양양하게 소리치는 것이었습니다. 70점을 받은 민지가 잔뜩 풀 죽어 있는 것과는 너무도 대조적인 모습이었죠. 그 순간만을 놓고 본다면 그 아이는 늘 100점이고 민지는 늘 70점인 것처럼 생각될 정도였습니다. 그런데 사실 민지는 언제나 90점, 100점을 받다가 그날 딱 한 번 70점을 받은 것이고, 반대로 그 아이는 매번 50~60점에 그치다가 그날만은 용케 100점을 받은 것입니다. 더 중요한 것은 그 아이가 50점 이하의 점수를 받을 때에도 늘 지금처럼 당당하고 자신감에 차 있다는 사실입니다. 그 이유는 낮은 점수에도 부모가 아이를 있는 그대로 인정하고 이해해 주기 때문이었습니다. 점수에 따라 아이의 능력이나 성적의 가치를 낮추거나 의기소침해지는 일이 없도록 말입니다. 70점이라는 '낮은' 점수 때문에 집에 가서 혼날 생각만 하며 풀 죽어 있는 민지에게는 너무도 낯선 환경이 아닐까요?

모든 부모들은 자녀를 자신감 있는 아이로 키우고 싶어 합니다. 그런데 그런 소망을 실현시키기 위한 부모의 노력이 오히려 아이를 기죽게 만들 수도 있다는 것을 명심해야 합니다.

어린 자녀들에게 필요한 것은 당장의 성과나 높은 성적이 아닙니다. 훗날 아이가 성인이 되어 맞닥뜨리게 될 수많은 난관 앞에서도 늘 당당하고 자신감 넘치게 도전할 수 있는 자양분을 섭취하는 것이 더 중요합니다.

윽박지를 거라면
차라리 가르치지 마라

아이의 자신감을 높여 주려면 구체적으로 어떻게 해야 할까요?

첫째, 아이가 하는 것을 가치 있게 여겨 주는 것입니다. 설령 아이의 연령에 비해 다소 낮은 수준일지라도 무엇이든 아이가 스스로 해나갈 수 있도록 격려해 주고 그런 행동을 중요하고 의미 있는 것으로 대해 줘야 합니다. 반응적인 부모는 아이가 성취한 행동이나 어른이 보기에 새롭고 기발한 수행결과에만 기준을 두지는 않습니다. 그보다는 아이가 스스로 해내고 뿌듯해 하는 과정을 인정하고, 있는 그대로 기뻐해 줍니다. 부모의 이러한 반응은 아이에게 자신감으로 이어집니다.

어떤 부모들은 그렇게 사소하고 쉬운 성취에 칭찬을 하다 보면 자칫 아이가 그 수준에만 머물지 않을까 걱정하기도 합니다. 그래서 좀 더 높은 단계로 성장하기 위해서는 목표수준을 높게 잡고 잘못한 것을 고쳐 주면 오히려 훨씬 더 나아질 거라고 생각하곤 합니다. 하지만 실제로는 그 반대의 효과가 더 자주 나타납니다.

세정이는 지금 네 살인데 그네를 보고 '으네'라고 발음합니다. 엄마는 세정이를 앉혀 놓고 열심히 가르치기 시작합니다.

엄마 : 세정아, 엄마 입 잘 보고 따라 해. 알았지? 그~.

세정 : 그~.

엄마 : 네~.

세정 : 네~.

엄마 : 그네!

세정 : 으네!

엄마 : 아니, 아니! 으네 말고 그네라니까? 그, 네!

세정 : 으, 네!

엄마 : 왜 자꾸 그래? 그네라고 그네! 그네 몰라?

결국 엄마는 버럭 소리를 지르고 맙니다. 그런데 혹시 엄마는 알고 있을까요? 자칫하다간 세정이가 '그네 공포증'에 걸려 그네 타는 일조차 꺼리게 될 수도 있다는 사실을 말입니다. 그네 가까이에만 가면 행여 '그네'라고 똑똑히 발음하라는 압력에 시달릴까 두려워 서서히 그네를 피하고 끝내는 그네를 싫어하게 될지도 모릅니다.

그렇다면 엄마는 어떻게 해야 할까요? '그네'라는 발음을 아예 가르치지 말아야 할까요? 가르쳐야 합니다. 그러나 지금은 아닙니다. 아이가 새로운 어휘를 많이 배우고 제대로 발음하도록 하려면 오히려 정확한 발음을 가르치지 말아야 합니다. 정확히 말하면 처음부터 가르치지 말라는 이야기입니다. 가르치지 않을 때 아이들이 오히려 더 잘하게 된다는 것은 참으로 아이러니가 아닐 수 없습니다. 하지만 이것은 사실입니다.

세정이의 경우, 엄마는 아이가 하는 대로 똑같이 '으네'라고 반응해 주어야 합니다. 세정이가 말하는 '으네'가 '그네'를 뜻한다는 것쯤은 누구나 다 알 수 있습니다. 중요한 것은 발음의 정확성이 아니라 사물의 이름을 알아 가는 과정입니다. 비록 정확한 발음이 아니더라도 아이의 수준에 맞게 발음함으로써 아이가 제대로 하고 있다는 사실을 확인시켜 주고 그 믿음을 토대로 엄마와 활발하게 소통하는 것이 더 중요하다는 말입니다. 그럼 아이는 그네가 아닌 또 다른 물건이나 새로운 환경을 접하더라도 자신 있게, 주저하지 않고 자신의 현재 수준에 상관없이 자기 생각을 표현하게 될 것입니다.

인지발달학자인 피아제에 의하면, 아동은 외부로부터 주어진 자극에 자발적으로 다가가고 끊임없이 상호작용하면서 스스로 발달해 갑니다. 아이들은 자유롭고 편안한 상황에서 자신이 아는 것을 자주 반복함으로써 점점 능숙하게 되고 결국 학습 성취에 도달하게 된다는 것입니다.

그런데 세정이와 그네의 경우처럼 처음부터 완벽에 가까운 성과를 재촉한다면 아이는 오히려 주눅 들게 됩니다. 현재 아이의 수준에서 그렇게 반응하는 것은 '안 하는 것이 아니라 못하는 것'일 뿐입니다. 그런데도 부모가 계속해서 요구한다면, 세정이에게 '그네'는 점점 어려운 과제가 되고 아이는 두려워하며 소극적으로만 시도할 겁니다. 이런 상황에서는 자기 능력을 쉽고 자연스럽게 표현할 기회가 줄어들게 마련이고, 실행횟수가 적어지면 당연히 숙련과정도 더디게 진행되어 결국 아이는 갈수록 위축되는 악순환만 계속될 것입니다.

아이의 수준을 있는 그대로 인정해 주고 '으네'라고 말했더라도 '그네'로 발음한 것처럼 반응해 준다면 아이는 점점 자신 있게 여러 가지 시도를 하게 될 것입니다. 이러한 자신감은 결국 스스로 더 높은 단계에 도전할 수 있는 밑거름이 되는 것입니다.

아이의 작은 성공을
진심으로 칭찬하라

아이의 자신감을 키워 줄 수 있는 두 번째 방법은 부모가 아이와 함께하면서 성공의 기회를 자주 갖도록 하는 것입니다. 설령 제대로 반응하지 못하거나 기대를 충족시키지 못하더라도 아이가 하는 것이라면 무엇이든 늘 그대로 받아들이며, 아이의 행동을 적합하고 의미있는 것으로 대해 줘야 합니다. 이러한 상호작용이 이루어질 때 아이는 실제로 자신이 제대로 수행했는지 여부와는 상관없이 언제나 성공적이라는 느낌을 지닐 수 있습니다.

일곱 살 수진이는 발레 학원을 무척 좋아합니다. 그런데 어느 날부터인가 학원에만 갔다 오면 시무룩하게 풀이 죽어 있는 것이었습니다.
"왜 그러니? 발레가 재미없구나? 재미없으면 그만 다녀도 돼."
엄마가 이렇게 말하자 수진이는 아니라며 계속 다니고 싶다고 했습니다. 그렇게 2주 정도 지나자 드디어 수진이가 말문을 열었습니다.
"엄마 혹시 엄마가 학원에 전화했어? 나 치과 치료 받고 있다고? 그래서 사탕 먹으면 안 된다고?"
앞뒤 없이 전혀 엉뚱한 말이었지만, 학원에서 뭔가 사연이 있겠다 싶어 엄마는 "응, 그래"라고 대답해 주었습니다. 그러자 아이는 금세 얼굴이 환해지더니 이렇게 말했습니다.

"그럼 그렇지! 엄마, 선생님한테 다시 얘기해 줘. 나 사탕은 안 먹고 냄새만 맡을 거니까 그냥 줘도 된다고."

도대체 무슨 내용인지 알 수 없는 이 이야기의 내막은 이렇습니다.

2주 전에 새로운 발레 선생님이 오셨는데, 이 선생님은 그날의 연습이 끝나면 제일 잘한 친구 한 명에게 막대사탕 한 개를 주었습니다. 아이들은 막대사탕을 받기 위해 선생님 말씀을 열심히 따랐겠죠. 하지만 막대사탕은 언제나 제일 잘한 한 명에게만 돌아갔습니다. 다른 아이들처럼 수진이도 막대사탕을 받기 위해 열심히 노력했습니다. 발끝을 제대로 세우지 못했나, 다리 펴기를 잘 못했나, 손동작이 틀렸나 자기 딴에는 잘못된 부분을 고치려고 애를 썼지만 막대사탕은 늘 다른 아이에게 돌아갔습니다. 결국 막대사탕을 받는 일이 너무도 어렵고 막연한 과제라고 판단하게 되었습니다. 자기 생각으로는 발레 연습을 꽤 잘했는데도 막대사탕을 받을 수 없으니 좌절감에 빠져 2주 동안 그렇게 풀이 죽어 지낸 것입니다. 그러나 자신감을 완전히 놓기 전에 마지막으로 엄마에게 물었던 것입니다. 막대사탕을 받지 못한 것을 치과 치료 탓으로 돌려 자신을 지키고 싶었던 것이죠.

만일 그 선생님이 반응적인 교사였다면 어땠을까요? 아이들 모두에게 자신감을 심어 주며 흥미롭게 발레수업에 참여하도록 하려면 어떻게 해야 할까요?

"너는 손동작을 잘하는구나!", "이야, 너는 발 모양이 참 예쁜데?" 등등 각각의 아이들에게 나름의 특성과 결과에 대해 칭찬하며 모두에게 상을 주는 것은 어떨까요?

물론 상에 대한 희소가치를 떨어뜨려 아이에게 동기부여가 제대로 안 될 거라고 생각할 수도 있을 겁니다. 하지만 그렇지 않습니다. 아이들은 '누구나 다 받는데 뭐' 하며 1등의 가치만을 높이 생각하기보다는 자신이 받은 가치에 더욱 중점을 둡니다. 그래서 자신이 인정받은 부분(가령 손동작)에 집중하며 더 잘하려고 노력합니다. 적어도 그 부분만큼은 인정을 받았기에 이제 자신감이 생겼고, 또다시 인정받고 싶어 다음 날, 그다음 날에는 더 열심히 합니다.

자신감은 잠재력을 끌어올리는 힘입니다. 아이가 자신 있게 반복하다 보면 점점 실행이 많아지고 마침내 능숙하게 되어 또 다른 장점들도 속속 나타나게 됩니다.

간혹 발달상의 문제가 있거나 심리적으로 위축되어 있는 아이들의 경우를 보면 또래보다 느리다는 이유만으로 자신을 무능하게 여기는 경향이 있습니다. 하지만 이런 경우에도 아이의 수행능력을 성공적인 것으로 대해 주면 아이는 자신 있게 자주 반복함으로써 더 높은 단계로 서서히 발전하게 됩니다.

비록 사소하더라도 긍정적인 체험이 축적될수록 아이들은 자기만의 취약점을 극복하고 잘할 수 있는 것에 초점을 두게 되어 자신을 유능한 존재로 인식합니다. 그리고 그렇게 생긴 자신감은 더 높은 수준의 수행을 만들어 내며 새로운 성취와 새로운 자신감으로 이어지게 됩니다.

그렇다면 부모는 어떻게 아이의 자신감을 키울 수 있을까요?

부모
노트

질문 없이 대화하기

What 무슨 뜻인가요?

"이건 무슨 색이니?" "이 동물은 이름이 뭐지?" "왜 가만히 있는 거야?"……. 부모는 언제나 아이에게 무엇을 하라고 지시하거나 아이의 행동을 통제하려 합니다. 아이가 스스로 말하려, 스스로 움직이려 하는 참에 부모가 질문을 퍼붓는다면 아이는 흥미를 잃을 수밖에 없습니다. 부모가 질문을 많이 할수록 아이가 활동을 이끌어 갈 기회는 줄어듭니다. 아이가 선택한 활동을 주도적으로 행할 때 학습이 가장 잘 이루어집니다. 지시나 통제의 횟수를 줄이기 위해서는 '질문하지 않고 대화하는 자세'가 필요합니다.

How 어떻게 할까요?

◆ 아이와 책을 읽거나 사물을 살펴볼 때 그것이 무엇인지 질문하지 않고 먼저 아이가 하는 방식을 지켜봐 주세요.
◆ 아이와 함께할 때 평소보다 말을 반으로 줄여 보세요. 엄마가 질문을 멈추면 얼마나 조용해지는지 느낄 수 있습니다.
◆ 아이가 질문에 응답하지 않는다 해도 반복해서 묻지 마세요. 그나마 갖고 있던 흥미마저 잃어버리게 됩니다.

07
아이가 스스로 감정을 조절하도록
부모가 먼저 감정을 조절한다

　세 살 이전의 영아들은 '좋다', '배부르다', '즐겁다'와 같은 본능적인 욕구에만 충실한 것처럼 보입니다. 하지만 영아들에게도 그런 욕구를 참아 내는 능력이 있습니다. 그뿐만 아니라 욕구가 충족되지 않았을 때 받는 스트레스를 줄이기 위해 스스로 전략을 발달시키기도 합니다.
　태어난 지 1년도 안 되는 아이들에게 스트레스라니, 참 어울리지 않죠? 하지만 실제로 영아들을 관찰해 보면 아주 쉽게 발견할 수 있습니다. 가장 흔한 예로, 불쾌하거나 화가 나는 부정적인 감정을 참을 수 없을 때 아기는 울음이나 짜증으로 표현합니다. 아무 이유 없이 우는 아기는 없습니다. 아직 언어적으로 미숙한 아기들에게는 그것이 유일한 감정 표현 수단입니다. 9개월 정도 된 아이의 경우에는 밥을 먹을 때 숟가락을 빙빙 돌려 얼굴이나 바닥에 음식을 온통 묻히거나 흘려

지저분하게 만들어 버리기도 합니다. 부정적인 감정을 느낄 때 자신의 감정을 드러내느냐, 그렇지 않느냐의 차이는 아이의 개인적인 성향과 기질에 따라 매우 다르게 나타날 수 있습니다.

이처럼 부정적인 감정이나 좌절의 상태에 놓일 때 아이가 스스로 그러한 상황을 잘 해결하고 벗어나도록 대처하는 것을 자기조절 self-regulation 능력이라고 합니다.

순한 아이, 까다로운 아이, 더딘 아이

행동유전학자인 토머스와 체스 A. Thomas & S. Chess 부부는 일찍이 아동의 기질에 관하여 '순한 아이, 까다로운 아이, 더딘 아이'의 세 가지 유형으로 설명한 바 있습니다.

먼저 순한 아이 easy child 는 '적응력이 높고, 반응강도가 낮으며 개방성, 긍정성이 높은 편'입니다. 이 유형의 아이들은 부정적인 행동을 겉으로 표현하는 경우가 매우 드뭅니다. 화가 많이 나는 상황에서도 아주 가끔씩만 울거나 짜증을 낼 뿐이죠. 중요한 것은 이러한 행동이 부정적인 감정을 단지 참아 낸다기보다는 나름대로 대처하는 방식을 만들고 이겨 내는 것이라는 점입니다.

그러나 까다로운 아이 difficult child 는 정반대로 '적응력이 낮고, 반응강도가 높으며 부정적인 편'입니다. 이 유형의 아이들은 새롭거나 변화된 자극을 제시하면 강하게 거부하면서 곧장 울음과 짜증으로 표현해 버립니다. 이렇게 즉각적이고 외형적인 감정 표출 때문에 과거에는 '과격하다, 문제를 일으킬 가능성이 크다'는 식으로 평가되기도 했죠. 끝으로 더딘 아이 slow to warm up child는 '개방성과 적응력, 반응강도가 모두 낮은 편'이라고 할 수 있습니다.

　세 가지 유형에 비추어 부모들은 까다로운 아이는 키우기 힘들고, 더딘 아이를 키우려면 인내심이 많이 필요하다고들 말합니다. 하지만 여기서 특히 두 번째 유형, 즉 '까다로운 아이'에 대한 과거의 편견에 대해 다시 한 번 생각해 봐야 합니다. 심하게 짜증을 내거나 남을 때리고 괴롭히는 아이들에 대해 그동안 사회·정서 발달에 어떤 문제가 있거나 성장과정에서 상대적으로 그러한 환경에 많이 노출되어 후천적으로 습득된 행동이라 여기곤 했죠. 다시 말해 아이가 공격성을 보이는 것은 타인의 그러한 행동을 보고 배웠거나 아니면 타고난 결함, 혹은 결핍에 의한 것이라고 생각했던 것입니다.

　그러나 최근에는 아이가 어떤 상황에서 긴장하거나 공포를 느끼게 될 때, 이런 감정들에 대처하는 기술과 자기조절 능력을 발달시키지 못했기 때문이라는 주장도 있습니다. 아이들은 상황에 따라 공포감이나 좌절감을 느낄 수 있습니다. 하지만 이런 부정적인 감정이 생긴다는 이유만으로 모든 아이가 공격적이거나 부정적인 행동을 하지는 않죠. 다만 자신의 분노와 좌절감을 다루는 데 필요한 자기조절 능력에 차이가 있을 뿐입니다.

그렇다면 이러한 감정 조절, 혹은 자기조절 능력은 어떻게 습득할 수 있을까요? 우선 어려서부터 순간순간마다 느끼는 자신의 욕구나 감정을 즉각적으로 충족하는 대신 스스로 참고 견뎌 내는 힘을 체험해 봄으로써 서서히 배워 갈 수 있겠습니다. 그리고 이것이야말로 훗날 아이들이 성장하면서 사회적으로 원만하고 성숙한 대인관계를 맺어 가며 성공적인 조직생활을 하기 위한 궁극적이면서도 기본적인 능력이라 할 수 있습니다.

내 아이는
마시멜로의 유혹을 참을 수 있을까?

네 살짜리 아이들을 방으로 데려가 달콤한 마시멜로를 하나씩 나눠 줍니다. 그리고 15분간 마시멜로를 먹지 않고 참는다면 상으로 한 봉지를 더 주겠다고 제안합니다. 15분이란 시간은 생각하기에 따라서 아주 짧을 수도 있지만 네 살짜리 아이들에게, 그것도 눈앞에 놓인 마시멜로를 먹지 않고 참아 내기에는 너무도 긴 시간입니다. 그렇게 15분이 흐른 뒤 결과는 어떻게 나왔을까요? 실험에 참가한 아이들 중 3분의 2는 결국 마시멜로를 먹어 버렸고, 3분의 1은 용케도 욕구를 참아 내어 상을 받을 수 있었습니다.

이것은 모두가 잘 알고 있는 '마시멜로 실험'입니다. 미국 스탠퍼드 대학의 월터 미셸^W. Mishel 박사가 주도한 이 실험의 결과는 아이를 둔 부모는 물론 성인들에게도 꽤 의미심장하죠.

아이들은 성장하는 동안 위의 상황처럼 눈앞의 유혹에 넘어가느냐, 아니면 미래의 더 큰 만족을 위해 당장의 욕구를 참아 내느냐 하는 갈등을 반복적으로 만나게 됩니다. 가령 내일 중요한 시험이 있는데 텔레비전에서는 재미있는 프로그램이 진행되고 있습니다. 아이는 지금 텔레비전을 보며 당장의 즐거움을 충족하느냐 아니면 내일 시험에서 좋은 점수를 받기 위해 텔레비전을 끄고 책상 앞에 앉느냐 하는 갈등을 겪게 되겠죠. 학창시절은 물론 우리 인생 전반에 걸쳐 순간적인 유혹을 참아야 하는 상황은 수없이 반복됩니다.

마시멜로 실험에서는 약 30퍼센트의 아이들이 전반적인 상황을 분석하고 대안을 생각하며 궁극적으로 이득이 되는 것을 선택하는 능력을 보여 주었습니다. 이처럼 조금만 참으면 미래에 더 큰 성취를 얻을 수 있다는 믿음으로 현재의 충동적인 욕구나 행동을 자제하며 당장의 즐거움과 만족을 참아 낼 수 있는 능력을 '만족지연 능력'이라고 합니다. 만족을 지연시키기 위해서는 다양한 자기조절 방법들을 적용해야 합니다.

그렇다면 미셸 박사의 만족지연 능력 실험에 참가했던 아이들의 미래는 어땠을까요? 그로부터 15년 뒤, 유혹을 참지 못한 아이들은 결국 자신의 감정을 조절하는 데 성공하지 못한 것으로 나타났습니다. 그들은 쉽게 짜증내고 싸움도 자주 했을 뿐만 아니라 학업성적도 비교적 뒤처지는 것으로 조사되었죠. 반면 유혹을 참아 낸 아이들은 스트레스를 효과적으로 다룰 줄 아는 능력이 있고, 사회성이나 학업성적 역시 뛰어난 것으로 나타났습니다. 네 살 된 아이들에게 나타난 자기조절 능력이 결국 이후 각자의 인생을 전혀 다른 모습으로 만들 수 있는 하나의 '단서'가 되었던 것입니다.

인생이란 크고 작은 갈등과 수많은 선택의 과정입니다. 혹시 당장의 달콤한 만족을 선택하는 바람에 더 크고 중요한 것을 놓치고 후회하지는 않았나요? 그런 후회를 많이 한 어른들일수록 마시멜로 실험의 교훈을 빌어 아이들에게 미래의 더 큰 성취를 위해 지금의 즐거움을 참고 고통을 견디라고 주장할지도 모릅니다.

"이게 다 너의 장래를 위해 필요한 것들이란다. 참고 견뎌야 해."

더 나은 성적을 위해 지금 당장 힘들어도 참고 견뎌야 한다고 강요하기도 하겠죠. 그런데 이것이 바람직한 조언일까요?

좀 더 통찰의 시각으로 해석해 보자면, 현재의 욕구를 참아 가며 문제지 한 장을 더 풀고 있는 아이의 모습을 본다는 즐거움이야말로 어른들의 마시멜로는 아닐까요? 당장 '어른들의 만족'을 위해 정작 아이의 인지능력 발달에 근본이 되는 능동성과 자신감을 포기하는 것은 아닐지 한 번 더 생각해 볼 필요가 있습니다.

그렇다면 어째서 어떤 아이는 마시멜로를 그냥 먹어 치우고, 또 어떤 아이는 참고 기다리는지가 궁금해집니다. 아이들마다 만족지연 능력이 다르게 나타나는 까닭은 무엇일까요? 아이들마다 타고난 성향의 차이가 있는 것일까요?

미셸 박사에 의하면 그 차이를 결정짓는 것은 '사물을 다르게 인지하는 사고법'이라고 합니다. 그는 아이들을 두 집단으로 나누어 또 다른 마시멜로 실험을 실시했습니다. A그룹 아이들에게는 마시멜로를 주면서 '뭉게구름'이라고 생각하라고 했고, B그룹 아이들에게는 마시멜로가 음식으로서 어떤 특성이 있는지 생각해 보라고 주문했습니다. 그 결과 마시멜로를 사탕이나 젤리 등 맛있는 음식으로 생각한 B그룹 아이들은 5분 정도 지나자 결국 유혹을 참지 못해 날름 먹어 버린 반면, 마시멜로를 뭉게구름으로, 즉 먹을 것과 다른 것으로 생각한 A그룹 아이들은 두 배 이상인 13여 분까지 기다릴 수 있었습니다.

실제로 아이들을 관찰해 보면, 참고 기다리는 동안 사탕만을 뚫어지게 쳐다보며 오로지 그것을 먹는 것만 생각하는 아이들의 경우, 대부분 5분 이상을 참지 못합니다. 하지만 만족지연 능력을 지닌 아이들의 경우에는 주변의 다른 사물에 주의를 돌리거나, 노래를 부르는 등

'사탕과는 상관없는' 행동을 통해 유혹을 잊을 수 있는 '자기조절 전략'을 만들어 내곤 합니다.

아이는 스스로 조절능력을 배운다

12개월 미만의 아기들은 자신의 감정을 참거나 숨기지 못합니다. 또 현재의 감정에 대해 어떻게 반응해야 하는지조차 알지 못하고 그저 단순히 반응할 뿐입니다. 그래서 울고 싶으면 버스 안이건 극장 안이건 어디서나 맘껏 울어 댑니다.

어른들도 몹시 고통스럽거나 슬플 때면 얼마든지 울 수 있습니다. 하지만 다 큰 어른이 전철이나 식당에서 별안간 펑펑 울 수는 없는 노릇이죠. 어른들은 사회적으로 부적합한 상황에서는 스스로 감정을 조절하고 반응을 통제해 가며 울음을 자제합니다. 그렇다면 아기들은 언제부터 그런 조절 능력을 배우게 될까요?

아이가 자신의 감정대로 울거나 짜증을 내고 심지어는 공격적으로 물건을 내던지는 행동을 보이는 것은 대개 세 살을 정점으로 해서 점차 줄어듭니다. 그 무렵이면 자신의 정서를 다룰 수 있는 능력이 발달하기 시작한다는 증거이기도 하죠. 자기조절는 이처럼 아동 초기부터 이미 발달하는 능력입니다. 그리고 열 살에서 열두 살 정도 되면 완전히 자신을 통제하고 조절할 수 있는 능력을 발달시키게 됩니다.

결국 아이들이 미래의 더 큰 이익을 위해 당장의 쾌락이나 만족을 지연하며 스스로 참고 견디는 자기조절 능력은 이미 어린 나이 때부터 발달한다는 것입니다. 그리고 이 시기에 형성되는 자기조절 능력은 이후 학업능력은 물론 성인이 되어서 겪게 될 어려운 관문들을 얼마나 잘 극복하느냐에 중요한 영향을 미치게 됩니다.

아이들마다 감정을 조절하는 법을 배우는 데 걸리는 시간은 상당히 차이가 있습니다. 어떤 아이는 세 살쯤 되면 거의 울지 않으며 다른 사람에게 해가 되는 행동을 하지 않고 잘 어울려 지냅니다. 그래서 조절라는 말이 무색할 정도로 환경에 매우 잘 적응하고, 혼란스러운 일이 발생하더라도 크게 동요하지 않고 잘 반응할 수 있습니다. 하지만 이렇게 어른스러운 아이는 소수일 뿐 대부분의 아이들은 상황이 조금 불리하거나 불편해져도 금방 울거나 짜증을 냅니다.

아이들은 상대방, 특히 부모가 자신의 감정 상태를 잘 이해해 준다고 믿을 때 별로 어렵지 않게 감정의 평정을 되찾을 수 있습니다. 문제는 툭하면 여지없이 심하게 울어 대거나 칭얼대면서 과잉 반응을 보이는 아이들의 경우입니다. 이런 아이들은 두세 살 경에는 물론 네 살이 넘어도 여전히 부모를 힘들게 합니다. 사소한 자극에도 쉽게 화를 내고 새로운 변화나 낯선 상황에 늘 과민한 반응을 보이는 이 '까다로운 아이'들은 그렇지 않은 아이들에 비해 자기조절 능력을 발달시키는 데 어려움이 따를 수 있습니다.

이런 유형의 아이들은 보통 12개월 이전의 시기에 배가 고프거나 기저귀가 젖는 등 불편한 상황에 처했을 때에도 일반적인 수준보다 울음의 정도가 더 심하거나 비교적 과잉 반응을 나타내는 성향을 지니고 있습니다. 또한 자신이 원하지 않을 때 누군가 안거나 얼러 주면 곧바로 울음을 터뜨리는 등 격렬한 반응을 보이기도 합니다.

어떤 부모는 자녀가 심하게 울어 대고 물건을 던지는 등 공격적인 행동을 보일 때 '혼내 주겠다', '때려 주겠다'며 위협하거나 '손들고 서 있어!', '밥 먹지 마!' 하고 벌을 주곤 합니다. 아이들의 부정적인 행동을 강제로 억압하면서 아이 스스로 자신의 감정을 통제하도록 하는 것이죠. 물론 아이들에게는 이 방법이 가장 쉽고 직접적인 해결책처럼 여겨질 수 있습니다. 또 경우에 따라서는 꽤 효과가 있는 것처럼 보이기도 합니다. 하지만 이것은 일시적입니다.

단지 자기보다 몸집이 더 큰 부모의 위협이 두려워 억지로 울음을 그칠 뿐, 아이들의 부정적인 행동은 여전히 반복되기만 합니다. 설령 아이가 지금 당장은 뚝 그친다 해도 이것이 본질적으로 자신의 감정을 다루는 방법을 터득한 것이라 볼 수는 없죠. 그리고 무엇보다 이러한 강제적 해결책은 자칫 아이로 하여금 불안, 두려움, 분노의 감정을 만들어 정서적으로 불안정한 상태로 이끌 수 있습니다.

부모가 공감해 줄 때
아이는 화를 다스린다

그렇다면 아이들의 부정적인 행동 습관을 고치려면 어떻게 해야 할까요? 스트레스 상황에서 느끼는 불쾌한 감정을 과연 아이 스스로 조절할 수 있을까요?

다섯 살 된 철수가 아빠와 함께 놀이터를 찾았습니다. 신이 난 철수는 미끄럼틀을 타려고 계단을 쿵쾅쿵쾅 올라갔습니다. 그런데 이때 다른 아이가 잽싸게 달려와 새치기를 하는 것이었습니다. 자기 차례를 빼앗긴 철수는 그 자리에서 울어 버렸습니다. 그것을 본 아빠가 철수에게 "괜찮아, 다음에 타면 되잖아, 응?" 하고 위로해 주었지만 울음은 좀체 그치지 않았습니다. 아빠는 "이제 됐어. 뚝!" 하고 짐짓 엄하게 말했습니다. 그래도 철수는 계속해서 훌쩍거렸습니다. 마침내 아빠의 언성이 높아졌습니다.

"뚝 그치라니까! 아빠 말 안 들어?"

이 한마디로 인해 이제는 철수가 아빠 말을 안 듣고 반항하는 것으로 주제가 바뀌고 말았습니다. 아빠는 좀 더 엄하게 호통을 쳤고 아이는 그 기세에 눌려 억지로 감정을 누르기 시작했습니다. 그렇게 해서 철수는 결국 울음을 그쳤습니다.

자, 그럼 이제 문제가 다 해결된 걸까요?

울음은 그쳤지만 철수의 억울한 감정은 여전히 가슴에 남아 요동치고 있지 않나요? 게다가 그날 집으로 돌아온 철수는 엄마에게 "아빠는 날 미워해!"라고까지 말했습니다. 아이의 감정은 해결되지 않은 채, 아빠에게 위로받지 못했을 뿐만 아니라 강압적으로 감정을 누른 결과, 오히려 아빠와 관계가 틀어져 버린 것입니다. 이렇듯 특히 감정 표현에 있어 부모의 태도는 아이에게 그대로 영향을 미칩니다.

부모가 먼저 '어린 자녀가 어른처럼 자신의 감정을 잘 다룰 수 있는 능력을 아직 가지고 있지 않다'는 것을 이해하고 참고 기다려 줄 수 있어야 합니다. 중요한 것은 바로 '참고 기다려 준다'는 것입니다. 아이가 자신의 불쾌한 감정을 주체하지 못하고 부정적인 행동을 할 때 부모는 억지로 그치게 하거나 참도록 강요하기보다는 먼저 아이를 안정시키고 위로하면서, 아이가 느꼈던 불쾌하고 부정적인 감정을 스스로 누그러뜨릴 때까지 기다려 줄 수 있어야 합니다. 이것이야말로 아이의 자기조절 능력에서 부모가 노력해야 할 가장 바람직한 반응이죠. 왜냐하면 아이들은 상호적인 관계에 있는 부모가 부정적인 감정을 어떻게 조절하는지 보고 배우기 때문입니다.

부모마저 덩달아 화를 내면서 맞대응하는 전략을 보여 주는 것보다 "그래, 속상하지? 다음엔 그러지 말자", "화가 많이 났구나, 엄마도

네 맘 알아" 등의 표현으로 자녀의 부적절한 정서적 반응에 대해 완충적인 역할을 해줄 때 아이는 서서히 안정감을 되찾을 뿐만 아니라 스스로 감정을 조절하는 방법까지 배우게 될 것입니다.

아이를 말썽쟁이로 만드는 것은
바로 부모

어느 날 중현이란 아이가 엄마와 함께 상담실을 찾았습니다. 어린이집 원장 선생님이 중현이의 행동에 대해 걱정한다는 것이었습니다.

"애가 너무 과격하다고 하네요. 이제 만 다섯 살인데……."

먼저 엄마와 상담하면서 아이를 관찰해 보니 약간 과잉적인 행동이 눈에 띄었습니다. 크레파스를 휙휙 던지고 고무찰흙 장난감도 다른 색끼리 뒤섞는 등 다소 과장된 활동성을 보이는 아이였죠. 그렇다면 어린이집뿐만 아니라 집에서도 몹시 힘들었을 것 같아 엄마에게 질문해 보았습니다. 하지만 엄마의 대답은 어린이집 선생님과는 매우 달랐습니다.

"아니에요. 집에서는 아무런 문제가 없어요. 집에서는 저하고 아주 잘 지내요. 제 말에 잘 따라 주고요."

게다가 중현이는 엄마가 일하는 것도 충분히 이해하고 꽤 의젓하게 행동한다는 것이었습니다. 심지어 엄마가 늦게까지 일하고 퇴근할 때면 "엄마, 나 집에 혼자 있을 수 있으니까 엄마는 사우나에 가서 좀 쉬었다 오세요"라고 말할 정도로 엄마를 배려하는 아이라는 것이었죠.

그렇다면 중현이를 굳이 진단한다면 '에너지 과다'쯤 될까요? 하지만 공식적으로 그런 진단명은 없습니다. 다만 매우 활동적인 에너지를 가진 아이라는 것만은 사실이었죠. 그런데 어린이집에서는 중현이가 지나치게 활동적이니까 어느 정도 정적인 성향으로 중화시킬 필요가 있다고 판단한 모양이었습니다. 그래서 중현이 엄마에게 어린이집이 아닌 곳에서는 바깥 놀이도 자제하고 놀이터에도 너무 자주 데려가지 말라고 권했다는 것이었습니다. 그뿐만 아니라 어린이집에서도 특별히 중현이에게는 조용히 책을 읽도록 유도했답니다. 에너지가 넘치는 아이를 억지로 앉혀 놓고 책만 읽으라고 했으니 고분고분 말을 들었을 리가 없겠죠. 자리를 박차고 일어나 여기저기 돌아다니는 중현이의 행동이 어린이집 선생님들 입장에서는 과잉행동으로 보인 것입니다.

사실 중현이를 주의 깊게 관찰해 보니 크레파스를 내던진다거나 고무찰흙을 뒤섞는 행동들이 보는 이의 관점에 따라 얼마든지 달리 해석될 수 있을 것 같았습니다. 아이의 행동에 대한 다양한 해석을 시도하기 전에 먼저 '과잉행동'이라는 프레임을 적용한다면 정말 그렇게 보일 수도 있다는 얘기죠. 만일 어린이집 선생님이 일반적인 규칙을 요구하기 전에 먼저 중현이의 특성을 이해하고 이 아이만의 활동성에 맞게 한계를 조정한 뒤 상호작용하며 기다려 주었다면 어땠을까요? 아마 중현이의 행동은 그다지 문제시되지 않았을지도 모릅니다. 그리고 선생님들 눈에도 그렇게 행동적 문제가 있는 아이로 비춰지지 않았을 테죠. 그뿐만 아니라 자신의 행동을 이해해 주는 선생님과 신뢰 관계가 형성되면서 서서히 어린이집의 규칙과 선생님의 요구에 협력하는 태도를 나타냈을 겁니다.

우리는 백화점이나 레스토랑, 또는 교회와 같은 공공장소에서 아이와 티격태격하는 부모들을 볼 때가 있습니다.

"얌전히 있어야지! 아무거나 만지지 말고, 조용히 좀 해!"

이렇게 시종일관 아이의 행동을 제지하지만, 아이는 오히려 부모가 명령하지 않았을 때보다 더 크게 울거나 소리 지르고 심하게 장난을 치면서 부모의 행동에 대응합니다. 도대체 왜 그러는 걸까요?

여기서 알아야 할 것은 부모의 요구가 아이의 현재 수준에 적합한지 먼저 판단해 봐야 한다는 것입니다. 대부분의 3세 아이들의 경우, 긴 시간 동안 아무것도 안 하면서 가만히 한 곳에만 주의를 집중하기란 거의 불가능에 가깝습니다. 하지만 어른들은 끝없이 아이에게 불가능한 것들을 요구합니다.

어른들은 성인의 기준에 맞춰 100퍼센트라는 목표치를 설정합니다. 그래서 아이들이 아직 20퍼센트, 30퍼센트 단계에 불과하다고 간주하려 하죠. 하지만 사실 아이들은 그 나이 수준에서 할 수 있는 최대한의 수행, 즉 100퍼센트를 완수한 것입니다.

뷔페 레스토랑에서 식사할 경우를 예로 들어볼까요? 어른들은 즐겁게 이런저런 이야기도 하면서 자기가 원하는 음식을 마음대로 가져다 먹습니다. 하지만 세 살밖에 안된 아이는 아직 말도 잘 못하고, 원하는 음식들은 높은 테이블에 놓여 있어 마음대로 집을 수도 없습니다. 결국 의자에 가만히 앉아 있어야만 하는데, 이렇게 10분이 지나면 지루해질 수밖에 없고 10분 이상 먹을 정도로 음식이 다양하지도 않습니다. 만일 아이가 높은 아동용 의자에 꼼짝 않고 20분 정도를 앉아 있을 수 있다면 자신이 할 수 있는 능력 수준에서는 이미 100퍼센트를 완수한 것입니다. 그런데도 "내려 줘!" 하며 떼를 쓰는 아이에게 식사가 다 끝날 때까지 억지로 앉아 있도록 강요하는 것은 너무 지나친 요구가 아닐까요?

발달적으로 아직 준비가 안된 아이에게 자기 수준보다 높은 것을 요구하면 할수록 아이는 오히려 차분한 모습과는 반대되는 행동을 보이게 됩니다. 결국 아이가 말썽을 부릴 수밖에 없는 원인을 부모가 제공한 셈이죠. 그런데도 부모는 아이의 행동이 발달 능력 단계에서 볼 때 지극히 당연한 것이라고 이해하기보다는 그저 잘못된 행동이라 해석함으로써 아이에게 벌을 줍니다. 그런데 상황은 더욱 악순환을 반복하게 되는 것이죠.

아이가 자신의 부정적인 감정을 그대로 드러내지 않고 스스로 조절할 수 있는 능력을 키우기 위해서는 가장 먼저 부모가 아이의 발달적 한계를 이해하는 과정이 필요합니다. 각 발달 단계마다 아이에게 나타날 수 있는 전형적인 양식을 이해하고, 그 수준에서 적합한 기대와 규칙을 적용해야 합니다.

예를 들어 탁자 위에 놓인 꽃병을 가리키며 아이에게 만지지 말라고 주의를 주는 것보다는 아이의 손이 닿지 않는 곳으로 꽃병을 옮기는 것이 바람직하겠죠. 아이가 아직 어려 순간적인 유혹을 자제하지 못하는 경우라면 더더욱 그래야 합니다. 발생 가능한 상황을 만들어 놓고 막연히 아이에게 꽃병을 만지지 말라고 규칙을 정한 뒤, 아이가 지키지 못했을 때 벌을 주는 것은 앞뒤가 맞지 않는 얘기죠.

아이들은 처음부터 바람직하지 않은 행동을 하고자 의도하지는 않습니다. 아이들이 때로 자신의 행동을 조절하지 못하는 것은 아직 감정과 행동 사이의 조율을 할 수 있는 생물학적 준비가 되지 않았기 때문이죠. 그런데도 부모가 아이에게 자발적으로 자신을 통제할 수 있는 범위를 넘어선 수준을 요구한다면 성공할 확률은 아주 낮을 수밖에 없습니다. 왜냐하면 아이들에겐 아직 그런 능력이 없으니까요.

자녀의 행동을 효과적으로 조정하기 위해서는 먼저 아이가 잘 반응할 수 있는 방식에 맞추어 규칙을 정하고 그만큼의 기대만 할 필요가 있습니다. 예를 들어 중현이처럼 신체적으로 매우 활동적인 자녀를 가진 부모라면 아이가 차분히 앉아 있기보다는 잠시도 가만 있지 못하고 돌아다닐 거라 예상하고, 거기에 맞춰 일상생활 속에서 신체활동을 할 수 있는 기회를 마련해 준다면 아이와 훨씬 잘 어울릴 수 있게 될 것입니다. '아이의 타고난 성향에 맞게 조절하는 것', 핵심은 바로 이것입니다.

까다로운 아이는 힘든 아이일까?

온 집안을 돌아다니며 놀던 아이가 어느 날은 카메라를 집요하게 만지려 듭니다. 엄마는 행여 그 비싼 카메라가 망가지기라도 할까 봐 "안 돼, 안 돼!" 하면서 쫓아다닙니다. 아직 카메라를 만지지도 않았는데 아이가 그 근방에만 가면 그때부터 엄마의 상상이 시작됩니다. '저 녀석이 카메라를 만지겠지? 렌즈 뚜껑을 열고 손때를 묻히겠지? 그러다 뚝 떨어뜨리기라도 하면 어쩌지? 박살이 날 텐데······.' 아직 일어나지도 않은 일을 먼저 상상하면서 결국 엄마는 "안 돼!" 하고 아이를 번쩍 안아 듭니다.

그러다 엄마의 감시가 소홀해진 어느 날, 아이는 결국 카메라를 손에 넣고 마음껏 만지기 시작합니다. 엄마는 문득 '스스로 멈출 때까지 기다려 주라고 했지' 하고 생각하며 애써 참을성을 발휘해 보았습니다.

아이는 삼각대를 접었다 폈다 하기도 하고 버튼을 눌러 저장된 사진을 보기도 합니다. 그런데 정작 아이가 관심 있어 하는 것은 모니터에 비친 엄마, 아빠, 그리고 자신의 모습이었던 모양입니다. 그렇게 한동안 엄마의 제지 없이 자유롭게 놀던 아이는 마침내 카메라를 한쪽 구석에 놔둔 채 이번에는 엄마가 보는 잡지책으로 주의를 돌리기 시작했습니다. 이 모습을 본 엄마가 책에 실린 그림이며 사진들을 아이에게 보여 주며 함께 반응해 주자, 아이는 카메라 따위는 영영 잊은 채 잡지책에만 관심을 집중하는 것이었습니다.

아이의 행동에는 반드시 끝이 있습니다. 흔히들 어린 자녀에게는 아직 조절능력이 없다고 하지만 조절능력이 부족한 것은 부모가 아닐까요? 아이들을 믿고 기다려 줄 수 있는 조절능력 말입니다. 아이가 자신의 욕구를 조절하고 새로운 자극에 잘 적응하기 위해서는 규칙을 강요하기보다 먼저 부모가 아이의 행동양식에 맞추는 자세가 필요합니다.

앞서 12개월 된 아기들의 세 가지 기질 유형(순한 아이, 까다로운 아이, 더딘 아이)을 제시했던 토머스와 체스 부부는 그 아이들을 초등학교 2학년까지 추적 조사해 보았습니다. 그 결과 초등학교 1~2학년 시기에 행동 문제를 나타낸 아이들 대부분이 12개월 때 조사한 기질 유형에서 '까다로운 아이'에 속했었다는 사실이 밝혀졌습니다. 반대로 순한 기질과 더딘 기질의 유형에 속했던 아이들은 별다른 문제가 발견

되지 않았죠.

이것은 타고난 성향이 자신의 행동을 통제하고 관리하는 능력과 매우 연관이 깊다는 사실을 설명해 줍니다. 그런데 이 연구에서 주목해야 할 부분은 '까다로운 아이' 모두를 조사한 결과, 사실은 학교에서 행동 문제를 나타내는 경우는 그들 중 일부에 불과하다는 것입니다. 그리고 나머지 대다수는 단체생활에서 요구하는 사항에 잘 적응하고 별다른 행동 문제를 보이지 않습니다. 결국 아이의 행동이 일상 속에서 이루어지는 부모와의 상호작용 방식과 관련이 깊다는 뜻이기도 하죠.

까다로운 기질의 유형 중에서 학교에 잘 적응하지 못하는 아이들의 경우를 보면 부모가 다소 엄격한 요구를 하는 경향을 발견할 수 있습니다. 아이의 현재 능력 수준을 고려하지 않고 단순히 사회가 요구하는 적합한 행동 규범에 따르기를 기대하면서 아이가 부적응 행동을 보일 때 벌을 주거나 별도의 강압적인 훈육으로 반응한다는 것이죠.

그와 대조적으로 '까다로운 유형'에 속하면서도 학교생활에 잘 적응하는 아이들의 경우에는 부모가 유동적인 양육 방식을 지닌 것으로 나타났습니다. 비록 아이의 기질이 까다로운 유형에 속하고 문제 행동을 일으킬 확률이 높긴 하지만, 이들 부모는 아이의 행동 특성을 잘 고려해서 반응합니다. 무조건적으로 사회규범을 강요하는 대신 아이의 독특한 특성을 지지해 주는 방식을 택하거나 스트레스를 주는 상황에서 아이가 반응할 수 있는 특별한 형태를 미리 예측함으로써 아이가 자유롭고 편하게 느낄 수 있도록 미리 조치를 취하는 것이죠. 어떤 상황에서도 아이에게 여유를 주고 격려해 주려는 자세가 중요하다는 것을 알고 있었던 것입니다.

부모는 아이의 행동을 예측할 수 있어야 합니다. 만일 아이가 한 장소에서 5분 이상 의자에 앉아 있지 못한다면 다른 곳에서도 그럴 겁니다. 이렇듯 아이가 어떤 상황에 쉽고 편하게 적응하지 못한다면 또 다른 상황에서도 역시 비슷하게 행동할 거라는 점을 알아야 합니다.

마트에서는 뛰지 않기, 교회에서는 소리 지르지 않기 등 단지 어떤 특정한 상황이 요구하는 일반적인 규칙에만 의거해 우리 아이도 따를 것이라 기대하거나 또 마땅히 따라야 한다고 생각한다면 실망스러운 결과를 얻게 될 것입니다.

가령 성격이 활동적이고 다소 충동적인 두 살짜리 아이는 교회나 식당, 대형마트, 친구 집 같은 곳에서도 여전히 활동적이고 충동적으로 행동합니다. 환경이 집에서 공공장소로 바뀌었다고 해서 아이의 행동이 달라질 것이라 기대한다면 그것은 지나친 욕심입니다.

그렇다면 어떻게 해야 할까요? 아이가 계속 버릇없게 구는데 그걸 그냥 놔두란 말일까요? 물론 타인에게 피해를 준다면 분명 잘못입니다. 아이들은 공공장소에서의 행동이나 단체생활에서의 규칙을 배워야 하죠. 하지만 중요한 것은 그 배움의 과정이 강압적인 형태로 이루어져선 곤란하다는 겁니다. 그리고 아이가 아직 배우고 받아들일 준비가 되지 않았다면 애초에 갈등 상황을 만들지 말아야 합니다.

만일 아이가 바뀐 상황에 맞춰 자신의 행동 수준을 적응적으로 변화시키고 스스로 조절하는 능력이 아직 부족하다면 아예 그런 공공장소에 데려가지 않는 것이 좋겠지요. 아이에게 갈등 상황이 벌어질 거라는 사실을 뻔히 알면서 굳이 모험을 강행할 필요는 없을 겁니다. 그런데도 부모가 아이를 그런 상황에 맞닥뜨리게 해서 문제 행동을 일으키고 결국 '까다롭고 어려운 아이'로 취급될 수 있는 여지를 만든다면, 부모로서 너무 자기중심적인 태도가 아닐까요?

아니면 아이가 어려움을 느끼거나 스트레스를 받는 상황에서 스스로 안정을 찾고 가능한 한 자신을 조절할 수 있게끔 하기 위해서는 우선 아이가 그런 상황에서도 즐겁게 머물러 있을 수 있도록 해줄 만한 것, 즉 평소에 좋아하는 장난감 같은 것을 가지고 가는 것이 좋습니다. 또한 아이에게 '지금 우리는 어디에 가고 거기서는 어떤 일이 있을 것인지' 미리 이야기해 주고 스스로 판단할 기회를 줄 필요가 있습니다. 그리고 부득이 아이를 데리고 가야 하는 장소라면 가능한 한 아이가 자유롭게 돌아다닐 수 있는 자리를 택하세요.

그렇다면 부모는 어떻게 아이가 스스로 자신의 감정을 조절하도록 키울까요?

부모
노트

아이의 성향에 맞춰 기대하기

What 무슨 뜻인가요?

얌전하면 얌전한 대로, 활동적이면 활동적인 대로 아이가 타고난 성향에 맞춰 아이의 행동을 예상하고 준비해야 한다는 뜻입니다. 어른들도 각자의 성향이 있는데 아이들의 성향이라고 해서 쉽게 바꿀 수 있을까요?

아이가 활동적이고 다소 충동적이라면 장소가 바뀌었다고 해서 아이의 행동이 달라질 거라 기대하면 안 됩니다. 아이가 아직 스스로 조절하는 능력이 부족하다면 공공장소에는 데려가지 않는 것이 좋습니다. 아이와 갈등 상황이 생길 게 뻔한데도 그런 환경을 맞닥뜨리게 한다면 아이는 스트레스를 받게 되고 더욱 말썽쟁이로 낙인찍힐 뿐입니다.

How 어떻게 할까요?

아이가 적응하기 힘들거나 스트레스 받는 상황이라면, 아이를 편하게 해줄 방법은 무엇일까요?

- 아이가 좋아하는 장난감을 가져가세요.
- 아이에게 앞으로 어떤 일이 있을지 미리 얘기해 주세요.
- 아이들이 돌아다닐 수 있는 위치에 자리를 잡으세요.

08
긍정적인 아이에게는
신뢰받는 부모가 있다

 아이가 어른과 협력한다는 것은 아이 스스로 어른의 요청이나 제안에 따르고 함께 무언가를 해나간다는 의미입니다.

 엄마가 함께 책을 읽자고 제안할 수도 있고 컴퓨터를 그만하라고 요청할 수도 있습니다. 이때 아이들이 반응하는 태도에 따라 협력적인 아이인지 반항적인 아이인지를 알 수 있죠. 바꿔 말하면 부모가 어떤 요청을 어떻게 하느냐에 따라 아이들은 순순히 따르기도 하고 거부하기도 한다는 뜻입니다.

 엄마들이 모인 자리에서 아이들 얘기만 나오면 "우리 아이는 참 착해요"라는 말보다는 "아이가 요새 너무 말을 안 들어요"라는 말이 더 자주 나옵니다. 그러면서 어떻게 하면 아이를 긍정적으로 변화시킬 수 있는지에 대해 각자의 방법들을 공개하며 열심히 토론하곤 하죠.

정말이지 어떻게 하면 아이들이 부모 말을 잘 따를까요? '엄마가 몇 번 말하니?', '엄마 말 못 들었어?'라는 말을 하루라도 안 하려면 어떻게 해야 할까요?

아이가
부모를 거부하는 이유

이제 세 살인 진호는 또래에 비해 1년 정도 발달이 늦어 현재 유아특수학교에 다니고 있습니다. 아이는 물론 엄마까지 늘 무표정에 가깝고, 꼭 필요한 상황에서만 몇 마디 할 뿐 거의 언어 표현이 없습니다.

진호는 작고 날렵한 체구와 총명한 눈을 가진 아이입니다. 몇몇 사물에만 흥미를 보이고 자기만의 고집스러운 규칙이 있긴 하지만 아주 까다롭거나 의사소통이 불가능한 정도는 아닙니다. 하지만 엄마 생각은 달랐습니다. 엄마는 진호가 늘 고집이 세고 한번 떼를 부리기 시작하면 바닥을 구르면서 온 동네가 떠나가도록 운다는 것이었습니다.

엄마는 아이가 어떤 상황에서 그러는지, 또 왜 그러는지 알 수도 없을 뿐만 아니라 밖에서 이런 일이 벌어지면 난감하고 남들 보기 창피하기도 해서 가능한 한 집과 치료실만 오간다고 했습니다.

엄마의 생각은 아이의 발달이 다소 늦긴 하지만 언젠가는 정상적으로 활동하게 될 것이고, 가능한 한 빨리 그렇게 되도록 효과적인 치료와 여러 가지 교육적인 자극을 아이에게 최대한 제공해 줘야 한다는 것이었습니다. 엄마는 나름대로 계획을 갖고 있었지만 현실적으로는 주변의 압박 때문에 엄마의 스트레스가 이만저만이 아니었죠. 또래 아이들은 말을 유창하게 하는데 진호가 구사하는 어휘는 한두 단어 정도에 불과했고, 따라서 시댁이나 남편으로부터 아이 교육을 어떻게 하고 있냐는 소리를 자주 들어 우울 증세까지 보일 정도였습니다. 그러다 보니 엄마는 더더욱 진호를 강하게 밀어붙여 글자학습과 인지학습을 시켜왔습니다.

처음에는 일반 어린이집에 보냈는데 아이가 안 가려고 떼를 쓰거나 가더라도 그저 멍하니 앉아 있기만 했고, 또 매사에 자기 고집대로만 하려고 하고 자주 짜증을 내는 등 점점 더 이상한 행동만 늘어가는 생활이 반복되었습니다.

이야기를 하는 동안에도 엄마의 얼굴은 무서울 정도로 경직되어 있었습니다. 아이와 대화할 때에도 무표정은 여전했고, 목소리도 높낮이가 거의 느껴지지 않을 정도였습니다.

아이가 유아특수학교에 입학하기 위해 상담하는 동안 아이와 엄마가 놀이공간에서 함께 노는 장면을 관찰한 결과, 모자 간에 거의 소통이 이루어지지 않는다는 사실을 확인할 수 있었습니다. 엄마가 소꿉놀이 장난감을 들고 계속 유도해 보지만 그때마다 아이는 눈길 한 번 주지 않거나 싫다는 뜻을 분명히 하는 것이었습니다. 완전한 무관심이 아니면 단호한 거절, 그게 전부였죠. 엄마가 가져온 장난감을 밀치며 짜증을 내기도 했습니다. 진호는 뭐든지 자기 방식대로만 하려 들고 다른 사람의 요구나 제안은 무시하며, 어쩌다 문제가 생기면 쉽게 짜증을 내며 포기했습니다.

상담실의 놀이공간이라는 특수한 환경이다 보니 엄마는 아이와 놀기 위해 최대한 노력을 하고 있었지만, 아이에게 어머니의 손은 이미 자신을 제지하는 손이라는 과거의 기억이 강하게 내재해 있는 것 같았습니다.

진호가 지금의 유아특수학교에 다니게 되면서 선생님들은 엄마에게 아이가 하는 행동을 그대로 인정하고 받아들이며 그때그때 적절하게 반응해 주도록 권유했습니다. 예를 들어 진호는 늘 엄지손가락을 입에 넣고 빠는 습관이 있었는데, 그때마다 엄마가 '더러워, 지지야' 하며 강하게 제지하다 보니 아이와 한바탕 실랑이를 벌이곤 했죠. 사실 아이는 엄마를 거스르거나 괴롭히려는 의도로 손가락을 빨지는 않았습니다. 그냥 자기도 모르게 그런 행동을 하게 되었을 뿐인데 이걸 가지고 엄마가 심하게 질책하는 바람에 문제가 확대된 것입니다. 손가락을 빠는 버릇은 누구에게나 있을 수 있습니다. 자신도 스스로 통제할 수 없는 일시적인 행동이라 실수는 언제든 또 일어날 수 있는데, 그때마다 엄마에게 혼나게 되면 아이는 좌절감에 빠져 결국 자신을 이해해 주지 못하는 엄마를 미워하게 되는 것이죠.

결국 선생님들의 조언에 따라 엄마는 아이의 버릇을 못 본 척 무시하거나, 나무라지 않고 참고 기다리며 관찰해 보기로 했습니다. 엄마의 이런 변화는 아이에게 마치 '진호야, 정말 힘들지? 엄마는 손가락을 빨든 무엇을 하든 언제나 진호를 이해한다'라는 긍정적인 의미로 작용하게 됩니다.

엄마 역시 무조건 가르치고 아이를 제지하려던 예전의 모습에서 벗어나 아이의 모든 것을 받아들이기로 하면서부터 큰 소득을 얻게 되었습니다. 말 안 듣는 아이를 앉혀 놓고 억지로 시키는 것 보다 아이의 행동을 인정하는 것이 훨씬 쉬울 뿐만 아니라 뜻밖에도 아이가 먼저 다가와 입을 맞추거나 무릎에 앉아 재롱을 피우는 등 잘하지 않던 애정 표현까지 하는 것이었습니다.

차츰차츰 진호는 변하기 시작했습니다. 우선 예전보다 짜증이 눈에 띄게 줄어들었고, 직접 엄마 손을 잡아끌어 장난감 놀이를 하는 등 놀이 활동에 적극적이 되어 갔습니다. 친구들하고 놀 때도 다른 아이의 손에 장난감을 쥐어 주며 같이 놀자고 요청하기도 하고 눈이 마주치면 활짝 웃거나 엄마에게 수시로 안기는 등 신체 접촉도 훨씬 많아졌습니다. 그뿐만 아니라 엄마 이외에 학교 선생님이나 다른 어른들의 질문에도 곧잘 대답하면서 학교에서 배운 단어를 스스로 연습해 보는 등 여러모로 많은 진전을 보이게 되었죠.

이제 진호는 엄마를 자신의 놀이 동무로 인식하는 것 같습니다. 그래서 엄마의 요구에도 적극적으로 따릅니다. 왜냐하면 이제 진호에게 엄마란 존재는 언제나 자신을 받아 주는 재미있는 상대이기 때문입니다. 누구나 혼자보다는 여럿이 함께 노는 것이 더 재미있습니다. 더구나 자신을 잘 이해해 주는 상대와 함께한다면 얼마나 즐거울까요?

어른들은 아이를 끌어당겨 자기 뜻을 주입하는 것이 더 쉽다고 생각합니다. 물론 강압적으로 아이를 앉혀 놓고 타이르는 것이 빠른 해결책처럼 보이겠지만 궁극적으로 아이에게 내가 믿을 만한 상대자라는 믿음을 주기는 어렵죠. 아이는 자신이 신뢰하는 상대가 요구할 때에만 스스로 순순히 따라온다는 사실을 잊지 말아야 합니다.

부모가 Yes할 때 아이도 Yes한다

아이들은 말썽을 부릴 때 어른이 버럭 소리를 지르고 무섭게 윽박지르면 금방 행동을 멈추고 얌전해집니다. 이것은 아주 즉각적인 효력을 지녔지만 순간의 만족에만 충실한 과격한 방법임은 틀림없습니다. 보다 부드러운 방법으로는 '유혹하기'가 있죠. '말 잘 들으면 아이스크림 사줄게', '공부 열심히 하면 놀이동산 데려갈게' 등등 아이가 좋아할 만한 요소들을 미끼로 사용하는 것입니다.

웬만한 부모들이라면 이 두 가지 방법을 모두 사용해 봤을 겁니다. 하지만 무서운 호통이나 달콤한 미끼는 궁극적인 해결책이 될 수 없습니다. 물론 골치 아픈 상황을 일시적으로 평정할 수는 있겠지만 매번 똑같은 일이 닥칠 때마다 번번이 호통을 치거나 아이스크림을 사줄 수는 없는 노릇입니다.

어떤 상황에서나 시키지 않아도 아이 스스로 변화된 행동을 해나갈 때 비로소 학습이 되었다고 할 수 있습니다. 이것을 교육학에서는 '일반화 generalization'라고 합니다.

예를 들어볼까요? 아이들은 학교에서 '신호등을 건널 때 반드시 초록불이 켜지면 건너야 하고 빨간불이면 차가 없더라도 기다려야 한다'는 것을 배웠고, 교통학교에 가서 실습도 잘 마쳤습니다. 하지만 만일 아이가 학교 앞 횡단보도에서 빨간불인데도 차가 드물게 오는 틈을 타서 그냥 뛰어서 건너가 버렸다면 지금까지 가르쳤던 교통안전교육이 제대로 학습되었다고 할 수는 없을 겁니다. '신호등 건너기'처럼 다른 교육들 역시 일상생활에서 아이가 자발적으로 따르는 실제적인 효과를 거두지 못한다면 교육이 제대로 이루어졌다고 볼 수 없는 것이죠.

부모 입장에서도 마찬가지입니다. 아이에게 가르침을 준 것만으로 '나는 아이가 배워야 할 것을 가르쳤다'고 생각하고 아이에게 '어째서 배웠는데도 모르니?'라고 한다면 이것은 대단한 착각이 아닐 수 없습니다.

부모들은 자녀와 하루에도 몇 번씩 '닭이 먼저냐, 달걀이 먼저냐' 식의 끝없는 실랑이를 반복하곤 합니다. "엄마, 친구랑 놀고 와도 돼요?" 아이가 물으면 엄마는 "안 돼! 1시간 공부해야 놀 수 있어!"라고 대답합니다. "엄마, 게임해도 돼요?" 아이가 물으면 엄마는 "안 돼! 손 씻고 숙제한 다음에 해"라고 대답합니다.

부모는 끊임없이 '내가 요구하는 것을 먼저 하면 네가 원하는 것을 들어줄 거야'라며 자신의 제안을 먼저 따르라고 합니다. 하지만 아이들 입장에서도 얼마든지 똑같은 논리가 적용될 수 있죠. '내가 원하는 것을 하게 해주면 엄마가 시키는 대로 할게요'라고 말입니다. 당연한 상황입니다. 아이가 무조건 먼저 부모를 따라야 한다는 법은 없죠.

결국 무엇이 우선되어야 하는지 답이 없는 공방이 계속되고 협상은 잘 이루어지지 않습니다. 양측 모두 상대방의 협력을 요구하지만 어느 누구도 협력하지 않은 채 강압에 의해 밀리는 쪽이 결국 포기하는 것으로 끝이 나곤 하죠.

어떻게 하면 아이의 입에서 '싫어!'라는 말보다 '좋아요!'라는 말이 더 자주 나오게 할 수 있을까요? 이 문제의 해결책을 찾아보기 위해 먼저 부모들 스스로 자문해 봐야 할 것이 있습니다.

자녀가 무언가를 요구했을 때 '그래 좋아'라는 대답과 '안 돼!'라는 대답 중 어떤 대답을 더 많이 하나요? 아마 대부분의 경우에는 전자보다 후자 쪽이 더 많을 겁니다. 아이의 선택과 판단이 틀리거나 바람직하지 않다고 생각하는 부모일수록 'No'라는 대답을 더 많이 할 겁니다. 아이들의 언어습관은 부모의 영향을 가장 많이 받는다는 사실에 동의한다면 아이가 '싫어요'라고 말하는 원인이 어디서부터 싹텄는지 충분히 짐작할 수 있을 겁니다.

아이로부터 긍정의 대답을 기대하면서도 부모들 자신은 부정의 대답을 더 자주 한다는 것은 정말 모순입니다. 아이가 요구하는 것에 'Yes'로 응답하는 시범을 많이 보여 주지 않은 탓에 결국 긍정의 대답을 가르칠 기회도 많지 않았던 것이죠. 그런데도 부모는 자기 말에 번번이 '싫어'라고 대답하는 자녀를 보며 '말 안 듣는 아이', '고집스럽고 반항적인 아이'라고 투덜거립니다. 아이들은 어른이 자신에게 상호작용하는 방식대로 어른과 상호작용하는 법을 배운다는 점을 명심해야 합니다.

자녀가 어떤 말을 꺼낼 때 먼저 "그래, 좋아"라는 긍정의 언어로 대화를 시작해 보세요. 부모가 자신에게 즉각적으로 협력하는 것을 많이 경험한 아이들은 결국 가족뿐만 아니라 친구나 선생님, 다른 어른들과도 잘 협력하는 법을 배우게 되고 그 과정을 통해 더욱 긍정적인 아이로 성장하게 됩니다.

어른이건 아이건 누구나 친하고 믿을 수 있는 사람, 관계가 좋은 사람의 말을 잘 듣습니다. 특히 아이들은 자기가 좋아하는 사람, 존경하는 사람, 그래서 심지어는 인기 연예인의 말과 행동을 믿고 그대로 따라 하려 합니다.

그렇다면 부모가 해야 할 일은 무엇일까요? 아이가 믿고 따르는 바로 그런 사람이 되는 것이죠. 다시 말해서 아이와 굳건한 신뢰 관계를 만들어야 한다는 얘기입니다. 탄탄한 신뢰와 원활한 상호작용이 이상적으로 선순환되는 관계에서는 아이도 부모의 간섭을 거부하지 않고 공부하기 싫다며 떼쓰지도 않으며 주의집중을 잘해 나갈 것입니다. 하지만 신뢰가 부족한 관계에서는 부모가 아무리 중요한 정보를 주려 해도 아이는 좀처럼 다가오지 않고, 설령 오더라도 부모를 경계하며 주변을 맴돌 뿐, 협력적으로 활동을 함께 이어 가지 못합니다. 그러다 보니 그만큼 부모와 함께하는 배움의 시간도 점점 줄어들게 되겠죠.

아이가 엄마와 눈을 마주칠 때 신뢰는 자란다

놀이 시간이나 일상생활 속에서 부모와 자녀가 상호작용하는 상황을 관찰하다 보면 둘 사이의 신뢰 관계가 어느 정도인지 알 수 있습니다. 엄마가 요구했을 때 아이들의 반응은 크게 세 가지로 나타납니다.

첫째, 신뢰하는 반응입니다. 엄마가 멀리서 "야, 이거 참 재미있겠다. 엄마랑 같이 해볼까?"라고 말하면 아이는 그게 뭔지 확인하지도 않고 "네, 좋아요!" 하고 달려옵니다. 이 아이는 엄마에 대해 거의 무조건적인 믿음을 품고 있죠. 그래서 엄마의 요청이 어떤 내용인지조차 미리 따져 보기 전에 '네!' 하고 대답합니다. 이렇게 신뢰 지수가 높은 관계는 어른들 사이에서도 아주 이상적으로 작용합니다. 가령 친구가 돈을 빌려 달라고 할 때 '왜 필요한가, 언제 갚겠는가?'라는 질문도 하지 않고 빌려주는 경우가 대표적인 예입니다. 그만큼 서로에 대한 신뢰가 있기 때문에 가능한 것이죠.

둘째, 의심하는 반응입니다. 위와 똑같은 상황에서 엄마가 불러도 아이는 대답 없이 천천히 다가옵니다. 그러고는 엄마가 제안하는 놀이가 무엇인지 살펴본 뒤 괜찮다고 여기면 참여하고, 아니면 다시 자기가 놀던 자리로 돌아갑니다. 이 아이의 경우, 엄마는 좋지만 엄마의 말에 대한 신뢰가 부족하다고 할 수 있죠. 사실 부모와 자녀 간의 일상적인 상호작용을 관찰하다 보면 이런 경우를 가장 많이 보게 됩니다.

이 경우 대부분의 엄마들은 아이가 옆에 왔다는 사실만으로 '동의'했다 판단하고 그때부터 엄마의 주도대로 아이를 이끌기 시작합니다. 하지만 아이는 자기가 선택하지 않은 놀이에 대해 금방 흥미가 사라지기 때문에 슬그머니 자리를 떠나 버리고 말죠. 이제 엄마가 "이리 와 보라니까? 이거 안 할래?" 하고 다시 불러도 아이는 오지 않을 것입니다. 엄마가 서운한 표정을 지어 보지만 사실 아이는 별로 미안한 기색이 없습니다. 왜냐하면 그것은 엄마가 요청한 것일 뿐 아이가 함께하겠다고 동의한 적이 없기 때문입니다.

셋째, 거부하는 반응입니다. 엄마가 아무리 흥미로운 것을 제시해도 아예 무시하는 아이가 있습니다. 다가오기는커녕 대답조차 하지 않죠. 이렇게 아이가 엄마의 말을 무시하거나 거부하는 경우에는 둘 사이의 신뢰 관계를 심각하게 점검해야 할 필요가 있습니다. 왜냐하면 아이가 엄마를 불신하고 있기 때문이죠. 이 아이는 그저 엄마 주변을 크게 맴돌 뿐입니다.

심한 경우에 아이는 엄마가 아무리 다정하게 불러도 어딘가 분명 다른 목적을 숨긴 것이라 의심하곤 합니다. 지금은 엄마가 장난감을 들고 있지만, 다가가면 곧 재미없는 것들을 요구할지도 모른다는 의심 때문에 아이는 엄마 근처에 가는 것조차 거부하기도 합니다. 이렇듯 엄마를 불신할 때 아이는 엄마 곁에 오래 머물지 못하고 집중하는 시간도 매우 짧을 수밖에 없습니다. 따라서 엄마와 함께 무언가를 하며 배울 수 있는 기회도 적어지고 평상시에는 혼자서 잘 노는 아이라는 소리를 듣기도 합니다.

신뢰는 부모와 아이를 잇는 보이지 않는 탯줄

물론 아동의 인지발달을 연구하는 학자들은 아이가 스스로 자연을 탐색하고 조작해 보면서 인지발달을 발전시켜 나간다고 했습니다. 하지만 아이에게는 현재의 능력보다 더 큰 잠재능력이 있습니다. 이 잠재능력은 주변의 유능한 사람(교사, 부모, 능숙한 또래)의 도움을 받으면서 한층 더 발전될 수 있겠죠. 따라서 아이가 혼자 노는 것보다는 누군가를 자발적으로 끌어들여 함께 상호작용하는 과정이 꼭 필요합니다.

자녀가 현재 지니고 있는 학습능력을 좀 더 높은 수준으로 발달시키기 위해서는 무엇보다 아이가 관심 있어 하는 과제를 선택하고 스스로 참여하는 자발적인 동기부여가 중요합니다. 그런 토대 위에서 누군가와 함께 상호작용할 때 아이의 능력은 더 발달해 갈 수 있습니다. 부모가 '이리 와서 함께하자'라고 요구할 수도 있고, 아이가 먼저 '엄마 이거 같이 해요'라며 부모를 끌어들일 수도 있습니다. 전자의 경우는 아이가 즉각적으로 '좋아요'라고 반응할 때 일어날 것이고, 후자의 경우는 부모가 즉각적으로 '좋아!'라고 반응할 때 일어나겠죠.

아이의 제안에 부모가 긍정적으로 협력하면 아이 역시 부모의 제안에 똑같이 반응할 것입니다. 그리고 이러한 상호작용 속에서 아이는 부모와 신뢰 관계를 형성하게 되는 것입니다.

반대로 부모의 제안을 아이가 거부하거나 무시한다는 것은 결국 '나는 지금 엄마와 함께 인지학습을 촉진하고 싶지 않아요'라는 의미로 해석할 수 있습니다. 이렇게 아이 스스로 자신의 능력을 키울 수 있는 기회를 잃게 되는 까닭은 부모와 자녀 간의 신뢰가 부족하기 때문입니다.

앞서 이야기했듯이 생후 2년 정도가 되면 아이들은 무엇이든 스스로 하고 싶어 합니다. 때론 이러한 자기 의지를 고집스럽게 주장하기도 하지요.

예를 들면 엄마가 아무리 말려도 커다란 주스를 꺼내 들어 컵에 직접 따르다가 쏟는 일이 다반사로 일어나곤 합니다. 그럼 엄마는 '말 안 듣는 아이, 고집이 센 아이'라며 혼을 냅니다. 하지만 다른 시각에서 보면 아이의 발달수준에 맞는 지극히 정상적인 행동을 보이는 것일 뿐 부모의 말을 무시해서 하는 행동이 아닙니다.

무엇이든 독립적으로 해보고 싶어 하는 이 시기에 혼자 주스를 따르는 행동 따위를 막는다면 아이는 결국 엄마의 제지를 받지 않을 만한 곳을 찾게 될 겁니다. 그리고 '혼자서' '몰래' 무언가를 하려 들겠죠. 만일 이 과정이 계속 이어진다면 아이는 점점 관심 있고 흥미로운 것들을 하기 위해 부모의 눈을 피하게 될지도 모릅니다.

자녀의 학습을 위해 가장 먼저 고려해야 할 것은 '아이가 학습에 주의를 기울일 수 있는가?'입니다. 주의를 기울이기 위해서는 일정한 자극에 대해 어느 정도 기간 동안 우리의 뇌가 기억할 수 있는 시간이 필요합니다. 그런데 만일 아이가 부모 곁에 붙어 있으려 하지 않는다면 과제에 주의를 집중할 시간은 적어지고 그만큼 학습을 시작할 수 있는 기회도 줄어들겠죠.

많은 경우, 부모들은 아이에게 어려운 것을 하도록 요구하면서 아이가 협력하지 못하는 것을 고집이나 반항으로 해석하고 아이를 탓하곤 합니다. 또한 자녀의 '부적응 행동' 역시 부모가 아닌 자녀의 문제로 여기곤 하죠.

하지만 부모들의 예상과는 너무도 다르게 문제의 근원은 부모가 아이의 현재 능력을 넘어서거나 발달 수준에 맞지 않는 무언가를 요구하는 것에 있습니다. 그것은 아이에게 '너는 할 수 없어, 그건 불가능하니까 너의 무능력을 인정해야 해'라고 말하는 것이나 다름없습니다.

자신을 이해해 주지 못하는 부모에게 어떻게 믿음을 가질 수 있나요? 또 아무리 부모라고 해도 신뢰가 가지 않는 사람의 말을 어떻게 따를 수 있을까요? 아이에게 관심이 없는 것, 또는 자신의 능력 수준을 넘어선 것을 하라고 제안한다면 아이는 결코 스스로 협력하지 않을 것입니다.

Yes Child로 키우려면 Yes Mom이 되어야 한다

앞에서 살펴봤듯이 부모의 'Yes'가 아이의 'Yes'를 이끌어 냅니다.

부모가 먼저 아이에게 긍정적인 반응을 보이며 상호작용한다면 아이 역시 다른 사람과의 관계에서 긍정적인 반응을 보일 것입니다. 물론 이렇게 반문할 수도 있겠죠.

"아니, 그렇게 오냐오냐 해주다가 아이가 버릇없이 자라면 어떡하죠?"

하지만 '긍정적인 반응'이란 아이의 요구에 무조건적으로 응하거나 모든 것을 허용해야 한다는 뜻이 아닙니다.

동계올림픽 종목인 '컬링'이란 경기를 예로 들어볼까요? 선수가 빙판 위로 납작하고 무거운 스톤을 밀면 나머지 선수들은 열심히 얼음판을 닦아 길을 터줍니다. 이미 선수의 손에서 떠난 스톤은 더 이상 누구의 손으로도 제지할 수 없죠. 다만 스톤이 옳은 방향으로 가도록 하기 위해 빙판을 닦는 것만 가능합니다. 스톤은 마치 혼자 저절로 미끄러져 가는 것 같지만 사실은 선수가 닦아 주는 틀에 따라 방향이나 속도가 조절되어 흘러가는 것입니다.

스톤이 스스로 흘러가도록 길을 닦아 주는 것, 이것이 바로 부모의 역할이 아닐까요? 부모는 아이를 강압적으로 밀지 않고 다만 스스로 능력을 잘 발휘할 수 있도록 아이 수준에 맞는 상황을 만들어 줄 수 있을 뿐입니다. 부모는 매사에 손수 아이를 이끌어서도, 그렇다고 양떼를 아무런 경계도 없이 방만하게 풀어 놓는 방목장 주인이 되어서도 곤란합니다.

부모가 자녀를 위해 안전한 울타리를 만들어 주는 것은 매우 중요합니다. 하지만 이러한 '한계선'은 아이의 발달 수준과 흥미에 따라 유연하게 적용되어야 합니다. 즉 부모나 사회가 요구하는 조건에 의해서 정형화된 기준만을 강요해서는 안 된다는 것이죠. 먼저 아이가 지금 나이 수준에 비추어 참을 수 있는 한계선이 어디까지인지 알아야 합니다. 자신이 받아들일 수 있는 한계 안에서 요구할 때만이 아이들은 순응할 수 있다는 것을 명심해야 합니다.

엄마와 함께 백화점에 들어서자마자 아이가 졸라 댑니다.
"엄마, 목이 말라요. 나 아이스크림."
백화점이 영화관이나 도서관처럼 아이스크림 반입이 금지되어 있지 않다는 것을 아이는 이미 알고 있죠. 하지만 양손에 쇼핑백을 들고 아이까지 데리고 다녀야 하는 엄마로서는 불편하기 짝이 없습니다. 그래서 대번에 "안 돼! 지금은 안 돼"라고 말합니다. 아이가 한 번 더 졸라 보지만 엄마의 대답은 변하지 않습니다.
"지금은 안 된다니까? 이따 사줄게."
물론 사주지 않겠다는 것이 아닙니다. 이런 경우 아이와 계속 실랑이하다가 결국 엄마가 져서 아이스크림을 먼저 사준 뒤 다시 쇼핑을 계속할 수도 있고, 버럭 언성을 높여 "안 된다니까? 좀 이따 사준다는데 왜 그렇게 떼를 쓰니?"라는 말로 일단 상황을 종결시키고 쇼핑을 끝낸 뒤 아이스크림을 사줄 수도 있습니다. 아니면 아예 화가 나서 아이스크림이고 뭐고 아무것도 안 사줄 수도 있겠죠. 경우의 수는 많습니다. 그런데 여기서 우리가 주목해야 할 것은 어느 경우에건 첫 표현은 'No'라는 사실입니다. 엄마의 대답이 어떤 내용이건 간에 아이의 제안은 일단 부정당한 셈이죠.

결과가 어떻게 되든 사람들은 어느 순간에라도 자신^{self}이 부정당하는 것을 좋아하지 않습니다. 따라서 엄마가 나중에 아이스크림을 사준다 해도 아이는 '엄마가 사주셨구나'라는 기억보다는 처음에 거부당한 기억이 더 강하게 남게 됩니다. 사실 부모들은 아이들이 요구한 것을 (먼저 부정하고 뒤늦게나마) 거의 다 들어주는 편입니다. 대부분 처음은 부정하고 뒤늦게 들어주는 형식으로 말입니다. 그래서 부모는 아이에게 다 해주었다고 생각하지만 아이들을 늘 처음엔 거부당했기 때문에 '우리 엄마 아빠는 늘 안 된대'라고 생각하고 해준 게 없다고 기억합니다. 결국 부모 입장에서 보면 늘 해주고도 좋은 인상을 주지 못하는 꼴이 되고 말죠. 정말 억울한 노릇입니다. 그럼 이 문제를 어떻게 해결하면 좋을까요?

**첫째,
대화를 Yes로 시작하라**

일단 'Yes'로 대답해야 합니다. 사실 엄마의 원래 의지도 '아이에게 해주겠다'는 것입니다. 단, 지금은 아니라는 것일 뿐 결국엔 엄마도 긍정의 뜻을 가지고 있습니다. 이러한 의지를 처음부터 일관성 있게 표현해 주세요.

아이가 '엄마, 아이스크림 사줘'라고 요구할 때 엄마가 해줄 수 있는 긍정의 대답은 무엇일까요?

"아이스크림? 그래, 아이스크림 가게가 어디 있지? 그런데 지금 막 백화점에 들어왔는데 어떻게 먹지?"

이 한 마디에 많은 것이 담겨 있습니다. 우선 엄마는 아이에게 아이스크림을 사주겠다고 했고, 아이와 뜻이 같다는 사실과 함께 현재의 상황도 설명했으며 아이에게 스스로 판단해 보라고 질문까지 되던졌죠.

그렇습니다. 공을 아이에게 넘겨주라는 것입니다. 문제를 해결할 수 있는 기회를 아이에게 주세요. 다시 한 번 강조하지만 때때로 우리 부모들은 너무 친절합니다. 아이들이 생각하지도 않고 표현하지도 않은 것까지 부모가 먼저 표현해 주기 때문이죠. 그 결과 아이는 스스로 생각하고 판단해서 결정 내려야 할 기회마저 모두 빼앗기고 맙니다.

현재 나타나는 아이의 말과 행동에 그대로 반응해 주세요. 그러면 아이는 나름대로 생각할 것입니다. 대화를 좀 더 들어볼까요?

"그럼 엄마는 쇼핑해요. 나는 여기서 먹고 있을게."

"엄마 없이 너 혼자 여기 앉아 있을 수 있어?"

또 한 번 문제해결의 기회를 아이에게 주고 있습니다.

"그럼 쇼핑 끝나고 엄마랑 같이 먹을게."

아주 성공적인 대답이죠? 물론 이렇게 쉽게 해결되지 않을 수도 있습니다.

"엄마가 나 먹을 때까지 옆에 앉아 있으면 되잖아."

아이가 쉽게 승복하지 않는군요. 하지만 이때도 '좋아'라고 대답해 주세요. 이번에 엄마가 먼저 양보하면 그럼 다음에는 아이도 엄마가 '끝나고 나갈 때 사줄게'라고 말했을 때 '좋아요'라고 말할 수 있을 겁니다. 엄마의 'Yes'가 아이의 'Yes'를 이끌어 내기 때문이죠.

아이는 부모로부터 상호작용 방식을 배우기 시작합니다. 엄마가 먼저 어떻게 협력하는지 시범을 보이면 아이는 부모에게서 배운 대로 다른 이들에게도 그대로 실천할 수 있습니다.

둘째,
아이의 능력 범위 안에서 요구하라

부모가 현재 아이의 능력 범위 안에 있는 것을 하도록 요구할 때 아이는 순순히 잘 응할 수 있습니다. 그러기 위해서는 먼저 부모가 아이의 능력을 잘 알아야 하겠죠. 평소 아이에게 주파수를 활짝 열어 놓고 민감하게 관찰해야 하는 까닭도 여기에 있습니다.

만일 부모가 아이에게 무엇을 하라고 요구했을 때 그것을 잘 수행할 수 있다면 그것은 아이의 능력 범위 내에서 해낼 수 있는 행동이었기 때문입니다. 아이가 할 수 있는 것을 부모와 함께 자주 해봄으로써 아이는 더욱 능숙하게 성취할 수 있게 되고 이후에는 부모의 요구에 자발적으로 "내가 해볼게요!" 하며 자신 있게 손을 들게 될 것입니다.

유치원 6세반에 다니는 원기는 주의가 꽤 산만하고 집중 시간도 매우 짧은 편이었습니다. 틈만 나면 도망 다니기 일쑤여서 번번이 수업 진행을 망치는 그야말로 '악동 중의 악동'으로 소문난 아이였죠. 그런데 일곱 살이 되어 유치원 졸업반에 올라가면서부터 싹 달라졌습니다. 수업시간에 제자리에 앉아 있는 시간이 놀라울 정도로 늘어나고 선생님 말씀에 집중도 잘하게 되었습니다. 원기가 이렇게 달라진 데에는 새로운 담임 선생님의 역할이 아주 컸습니다. 선생님은 평소 아동중심적인 교육 신념을 지닌 분이었는데, 언제나 아이들의 요구와 수준에 맞춰 '아이가 무엇에 관심 있어 하는지'를 민감하게 살피곤 했죠. 그리고 선생님의 생각을 관철시키기 위해 아이들을 강요하는 법이 없었습니다. 다른 아이들과 마찬가지로 원기 역시 자신을 있는 그대로 이해해 주고 가치 있게 여겨 주는 선생님을 신뢰하기 시작했습니다.

유치원 생활은 순조롭게 흘러갔고, 어느덧 졸업할 때가 되어 드디어 단체 사진을 찍는 날이 왔습니다. 아이들 모두 대학생처럼 사각모와 검정 가운을 입고 사진을 찍었습니다. 그런데 원기는 이 의상이 너무 불편해서 자꾸 모자를 벗어 던졌습니다. 사진사 아저씨가 열심히 원기를 다독여 봤지만 소용이 없었습니다. 그때 담임 선생님이 원기에게 다가가 뭐라고 속삭였습니다. 그랬더니 원기는 군소리 않고 촬영에 협조하기 시작했고 결국 졸업사진을 무사히 찍을 수 있었습니다.

그때 담임 선생님은 도대체 원기에게 뭐라고 했을까요?

"원기야, 이거 정말 불편하고 힘들지? 그럼 이렇게 해볼까? 선생님이 열 셀 때까지만 쓰고 그다음엔 휙 벗어 버리는 거야. 어때, 열 셀 때까지 참을 수 있겠어?"

원기는 선생님과 눈을 맞추고는 고개를 끄덕였습니다.

선생님은 원기에게 그 모자를 줄곧 써야 하는 게 아니라 아주 잠깐 동안만 쓰면 된다는 사실을 확인시켜 주었을 뿐입니다. 그러고는 사진사 아저씨 옆에서 손가락으로 하나, 둘, 셋⋯⋯, 수를 세기 시작했습니다. 선생님이 열 번째 손가락을 접었을 때 원기는 모자를 벗어 던졌습니다. 원기는 선생님과의 약속대로 흔쾌히 촬영에 응한 것입니다. 물론 그 이면에는 그동안 쌓여온 선생님과의 신뢰 관계가 튼튼히 뒷받침되어 있었기에 가능한 일이겠죠. 그러한 신뢰 관계 위에서 원기는 자기를 스스로 조절하며 불편한 상황도 참아 내고 선생님에게 협력하는 모습을 보여 준 것입니다.

**셋째,
아이의 관심에 주목하라**

아이가 현재 관심 없어 하는 것을 하도록 요구할 때 아이는 쉽게 응하지 못합니다. 어디 아이들뿐이겠습니까? 하고 싶지 않은 일을 누군가가 요청한다면 모두들 그것을 무시하고 자신이 좋아하는 것, 그리고 현재 몰입해 있는 활동을 그냥 계속하게 될 겁니다.

텔레비전 인기 드라마를 한참 재미있게 보고 있을 때 아이가 같이 놀아 달라고 하면 부모들은 어떻게 할까요? "그래 알았어" 하며 리모컨으로 텔레비전을 끄고 벌떡 일어나 아이에게 다가갈까요? 쉽지 않을 것입니다.

아이들도 마찬가지라는 걸 이해해야 합니다. 지금 나름대로 재미있는 놀이를 하고 있는데 부모가 뭔가를 요청한다면 과연 아이들은 흔쾌히 따라 줄까요? 이때 아이가 협력하지 못하는 것은 부모의 요구가 자신의 능력 범위를 벗어난 너무 어려운 것들이라서가 아닙니다. 단지 그 순간에 하고 있던 흥미로운 것을 중단하고 흥미가 없는 다른 것을 하도록 요청했기 때문입니다. 아이에게 그다지 어려운 일이 아닌데도 번번이 부모의 요청에 순응하지 않는다면 이 점을 분명히 짚어 봐야 합니다. 아이에게 '지금' 그다지 '중요하지 않거나', 아이가 '필요로 하지 않는 것'을 요청하고 있는 게 아닌지 말입니다.

그런데 만일 부모의 제안이 아이에게 정말 꼭 필요한 것이라면 어떻게 해야 할까요? 어떻게 하면 (이 유익한 것들에) 아이가 흥미를 느끼게 할 수 있을까요?

선생님이 세 살짜리 아이에게 '사과'라는 글자를 가르치고 있습니다. 책상 위에는 '사과'라고 쓰인 낱말카드와 그림, 그리고 탐스러운 사과가 준비되어 있죠. 선생님은 아이에게 '사', '과'라고 또박또박 읽어 가며 따라 하도록 유도합니다.

대부분의 교사나 부모들에게 이것은 아주 익숙한 장면입니다. 그런데 자세히 관찰해 보면 여기에 미처 깨닫지 못한 문제가 있습니다. 우선 교실의 상황 자체가 아이로 하여금 '사과'에 흥미를 유발하지 못하고 있죠. 아이는 왜 지금 '사과'라는 글자를 배워야 하는지조차 모를 수 있습니다. 필요성도 흥미도 없는 상황에서 아이가 선생님에게 집중하기란 쉽지 않은 일입니다. 성급한 부모는 '집중력이 부족한 게 아닐까?', '주의가 산만한 게 아닐까?'라며 걱정하기도 합니다. 하지만 아이에겐 잘못이 없습니다.

만일 아이와 함께 마트에 갔을 때 금방이라도 쏟아져 내릴 것처럼 쌓여 있는 사과 무더기에서 사과 한 알이 데굴데굴 굴러 내리는 모습을 쳐다보다가 "엄마, 이게 뭐야?"라고 물었다면 바로 그때가 '사과'를 배우기에 최적의 상황입니다.

어른들은 누구나 계획을 세우고 그 계획에 따라 아이를 가르치려 합니다. 아이의 상황이나 학습할 준비가 되었는지는 자주 무시되곤 하죠. 그렇게 어른의 계획대로 가르치고 함께 학습을 진행했는데도 아이가 좀처럼 기억하지 못할 때 부모는 아이를 책망합니다.

아이 입장에서 보면 그 순간에 그다지 중요하지 않은 요구를 하고 마땅히 순응하기를 기대하는 것은 오히려 아이의 학습을 방해할 수도 있다는 사실을 기억해야 할 것입니다.

넷째,
아이에게 요구하는 횟수를 줄여라

뭔가를 요구하는 횟수가 줄어들 때 아이는 부모의 요구에 더욱 자주, 많이 순응하게 됩니다. 어떻게 하면 부모의 요구에 대해 아이가 잘 반응할 수 있는지 알아보기 위해 서너 살의 아이와 엄마들을 대상으로 실험을 실시해 보았습니다. 대상 아동들은 모두 또래에 비해 발달이 지연되고 있어 평소에 부모와의 소통에 문제가 있는 아이들입니다.

A그룹은 아이가 무엇을 선택하기 전에 엄마들이 먼저 제안하도록 했고, B그룹은 아이가 선택한 것에 맞춰 엄마들이 따르도록 했습니다.

실험을 자세히 살펴볼까요?

A그룹은 '지시적인 부모' 유형이라고 할 수 있는데, 이런 유형의 부모들은 아이에게 쉴 틈 없이 계속해서 무엇을 하도록 요구하고, 엄마의 질문에 대한 반응 이외에는 아이의 행동 하나하나를 간섭하며 지시합니다.

반면에 B그룹은 '반응적인 부모' 유형으로, 엄마들은 아이의 행동을 가만히 바라보기만 하고 이따금 아이가 묻는 질문에 바로바로 대답해 주며 원활하게 상호작용합니다.

실험 결과, 두 그룹의 엄마들이 제시한 것에 대해 아이들이 반응하는 횟수는 큰 차이가 없었습니다. 다시 말하면 엄마가 아이에게 요청하는 횟수를 더 늘린다 해도 아이가 응하는 비율은 더 늘지 않는다는 것이죠. 즉 아이가 부모의 요구에 반응하는 정도에는 한계가 있다는 것입니다.

연구에 의하면 아이가 1분 동안 엄마에게 반응하는 횟수는 약 8~9회 정도라고 합니다. 아이가 반응할 수 있는 능력 정도에는 한계가 있기 때문에 엄마의 요구가 아무리 늘어난다 해도 아동이 반응하는 비율은 더 이상 증가하지 않는 것입니다. 따라서 부모가 요구를 많이 하면 할수록 상대적으로 아이는 더욱 '순종하지 않는 아이'가 되어 신뢰 관계가 제대로 형성하지 못하게 됩니다.

그렇다면 부모는 어떻게 해야 할까요? 방법은 횟수를 줄이는 것입니다. 부모가 자녀에게 무언가를 하도록 요청하는 횟수를 줄인다면, 비록 아이의 반응 횟수가 증가하지 않을지라도 '부모의 요구에 대한 아이의 협력' 비율은 증가할 것입니다.

아이의 협력을 이끌어 내기 위해서는 부모가 요구하는 횟수를 줄여야 합니다. 그렇게 신뢰 관계가 쌓이게 되면 부모는 비로소 "우리 아이는 내 말을 잘 따라요"라고 말할 수 있고 아이 역시 부모의 요구에 즉각적으로 협력하는 비율이 증가할 것입니다.

여기서 중요한 것은 '부모와 무엇을 할지', 또는 '어떻게 할 것인지'에 대해 아이에게 선택권을 주는 것입니다. 왜냐하면 아이들은 자신이 선택하는 것에 대해 '통제하고 있다는 느낌'을 갖기 때문이죠. 자기 선택에 의한 통제력은 아이로 하여금 어떤 일에 책임을 가지고 능동적으로 수행할 수 있게 합니다.

또한 자신의 선택은 바로 자신의 흥미이기 때문에 더더욱 협력할 수 있죠. 따라서 선택을 해야 하는 상황이 닥칠 때마다 아이에게 다양한 대안을 제시한 뒤 스스로 선택하게 함으로써 협력을 이끌어 내는 지혜가 필요합니다.

부모의 목표는 단지 아이가 하고 싶은 것을 하도록 하는 데 있는 것이 아닙니다. 일상생활 속에서 부모가 유동적으로 아이에게 무언가를 하도록 대안과 선택권을 주면서 요청할 때 아이는 스스로 협력하는 습관을 지니게 될 것입니다.

하지만 어디까지나 '대안'이라는 사실을 명심하세요. 예를 들어 유치원에 가려는데 엄마가 정해 준 옷과 아이가 입겠다는 옷이 서로 달라서 실랑이가 벌어졌을 때, 엄마가 자신이 선택한 옷을 들고 "이거 입고 갈래 아니면 그냥 팬티만 입고 갈래?" 하고 묻는 것은 부당하죠.

그것은 결코 동등한 가치를 지닌, 즉 이것 아니면 저것을 택할 수 있는 대안 속에서 아이에게 선택권을 주는 것이 아닙니다. 팬티만 입고 외출할 수는 없으니까요. 결국 형태만 다를 뿐이지 아이에게 일방적인 강요를 하고 있는 것입니다.

그렇다면 어떻게 부모에게 협력하는 아이로 키울 수 있을까요?

부모 노트

아이에게 준 만큼만 받기

What 무슨 뜻인가요?

부모와 아이는 마치 시소를 타듯 똑같이 서로 주고받아야 한다는 뜻입니다. 아이의 학습 발달에서 '받은 만큼 주고 준 만큼 받는 것'이 필요합니다. 아이가 어른과의 활동에 능동적으로 참여할 때 학습 성과는 크게 좋아집니다.

엄마는 이미 아이에게는 유능하고 월등한 존재입니다. 그런 엄마가 아이와 비슷한 수준으로 하나 주면 하나 받는 식으로 대해 줄 때 아이의 자신감은 점점 커져 갑니다. 엄마가 말을 너무 많이 하거나 끊임없이 움직여서 아이가 해볼 수 있는 기회를 뺏는다면, 혹은 아이가 먼저 움직일 때 부모가 가만히 있는다면 시소의 평형, 즉 균형은 깨지고 아이는 흥미를 잃게 됩니다.

How 어떻게 할까요?

◆ 아이와 함께하는 놀이나 의사소통 중에 한 번씩 차례로 주고받는 습관을 가져 보세요.
◆ 혼자보다 함께하는 것이 더 재미있다는 것을 가르쳐 주세요.
◆ 짧은 동요를 한 소절씩 주고받으며 불러 보세요.
◆ 한 번씩 차례대로 이어 가는 게임을 해보세요.
◆ 그밖에 일상의 대화나 활동에서 이렇게 차례로 주고받기 해보세요.

Chapter 3
반응적인 부모가 행복한 아이를 만든다

언제부터인가 우리 아이, 미운 짓만 골라 하나요? 제멋대로인가요? 그렇다면 안심하세요. 아이는 '좋은 시작'을 스스로 준비하는 중이니까요. 부모가 먼저 가르치려 하지 않고 아이의 잠재력을 믿고 기다려 줄 때 아이는 스스로 배워 나가기 시작합니다. 아이가 주도하고 부모가 따라갈 때 바람직한 신뢰 관계가 형성되며 아이는 능동적으로 리더십, 자신감, 감정 통제력, 협력성을 키우게 되고, 이는 행복한 인생, 만족하는 삶으로 가는 지름길입니다.

09 부모가 반응적일 때, 아이의 인지능력이 발달한다

유치원 시기의 자녀를 둔 엄마들은 아이가 얼른 책도 읽고 셈도 할 수 있기를 바랍니다. 요즘은 외국어까지 더해져 이래저래 아이들이 많이 바빠졌죠. 엄마들은 유치원뿐만 아니라 여러 유명한 학원도 찾아다니고 또 아이가 집에 돌아오면 불러 앉혀 놓고 직접 가르치기도 합니다. 그런데 여기서 강조하고 싶은 말은, 아이가 글을 잘 읽고 수학도 잘하며 좀 더 영리해지도록 하기 위해서는 그것을 직접 가르치지 말라는 것입니다.

아이가 진정으로 무언가를 배우게 하려면 스스로 하고 싶다는 동기가 생길 수 있도록 옆에서 부추겨 주는 것이 중요합니다. 그렇게 아이 스스로 의문을 갖고 찾아보며 자신의 능력을 발휘하는 것이 오히려 학습 목표를 성취할 수 있는 지름길입니다.

학습 효과를 높이려면
아이의 흥미와 관심을 인정하라

네 살 된 현주는 엄마와 소꿉놀이를 하면서 장난감을 자꾸 위로 던집니다.

"어, 던지는 건 안돼."

엄마가 제지합니다. 그러자 현주는 잠시 멈칫하더니 그만 저쪽으로 휙 가버립니다. 다음날 또 같은 놀이를 하는데 이번에도 현주는 장난감을 위로 획 던지는 것이었습니다.

여기서 대부분의 엄마들은 아이의 행동이 잘못된 행동이므로 일단 제지해야 한다고 생각합니다. 하지만 아이의 입장에서 보면 소꿉놀이 장난감이 그다지 위험하지 않다는 것을 알고 가볍게 던져 보며 나름대로 다른 놀이를 생각해 내려 했던 것입니다. 누구를 맞추려는 의도나 물건을 집어던지는 행위 자체만이 목적이 아니었던 것이죠.

이렇게 어른들은 아이가 장난감을 던지는 행동만을 보고 자기 입장에서 먼저 짐작하고 해석해서 대응을 해버리곤 합니다. 아직 자기표현이 서툰 아이들로서는 참 억울한 일이죠.

어른들은 보통 소꿉놀이 장난감으로는 소꿉놀이만 해야 한다고 생각하는 경우가 많지요. 먼저 아이가 하는 행동을 관찰하고 느리게 따라 하면서 숨은 의도를 이해하려는 자세가 필요합니다. 그런 다음 아이의 행동에 대한 적절한 반응을 해줄 때 아이는 자신이 의도한 대로 사물을 탐색하고 거기서 인과성을 발견해 가며 새로운 지식을 배우게 될 것입니다.

만일 부모가 '사과'라는 글자나 '1부터 10까지 숫자 세기'를 가르치기로 목표를 설정했다 하더라도 아이의 마음이 다른 곳에 가 있다면 잠시 목표를 보류해 둬야 한다는 얘기입니다. 우선은 아이의 관심과 흥미가 어디에 집중되어 있는지 관찰하고 거기서부터 아동의 주도에 따라 활동을 해나가며 차차 상호작용을 이끌어 내는 것, 이것이 궁극적으로 아이의 능력을 끌어올릴 수 있는 기본적인 태도입니다. 하지만 부모들의 현실은 좀 다릅니다.

많은 부모들이 아이가 현재 하고 있거나 할 수 있는 행동보다 늘 한 단계 높은 수준을 가르치고 싶어 하며, 그것이 바로 '학습'이라 생각합니다. 따라서 목표가 하나씩 달성될 때마다 부모는 그다음 단계로 빨리 넘어가려 할 뿐 지나간 단계로 되돌아가는 것은 결코 용납하지 않습니다. 예를 들어, 12개월 된 아이가 이제 막 서기 시작했다면 엄마는 다음 단계, 즉 더 잘 걷게 하기 위해 아이가 걸을 수 있는 구간을 조금씩 늘려나가며 '넘어지지 않고 걷는 것'만을 목표로 삼게 됩니다. 아이가 힘들어서 주저앉아 버리거나 다시 기는 행동을 하려 들면 엄마는 냉큼 일으켜 세워 다시 걷도록 재촉하겠죠. 사실 일어선 지 얼마 안 되는 아이에게 '넘어지지 않고 잘 걷는 것'은 아직 소화하기 힘든 일종의 선행학습인데도 말입니다.

'걷기'와 마찬가지로 영·유아기의 아이에게 인지학습 개념과 기술에 해당하는 것들, 이를테면 '숫자를 1부터 10까지 세기', '동그라미, 네모, 세모 구별하기', '이름 쓰기'와 같이 구체적인 인지학습 내용을 알게 하기 위해서는 직접적인 가르침보다 근본적인 개념을 발달시키는 것이 더 중요하다는 것입니다.

아이 방식으로 할 때
아이의 놀이 세계로 초대받는다

아이들에게는 가르치지 않아도 태어나면서부터 할 수 있는 근본적인 행동들이 있습니다. 가령 호기심 많은 아이가 장난감을 어떻게 가지고 노는지 관찰해 보세요. 아이는 장난감을 결코 가만 놔두지 않습니다. 요리조리 살펴보고 던져 보고 굴려 보며 마음대로 조작해 봅니다. 이것이 바로 인지학습을 위한 탐색과 실행능력입니다. 특히 호기심이 많은 아이일수록 장난감이 가지고 있는 원래의 용도를 떠나 수없이 다양한 방법을 시도하곤 합니다. 탐색과 실행을 통해 아이들은 어려운 과제에 대한 문제해결 능력을 발전시켜 나갑니다.

장난감 기차를 좋아하는 한 아이가 엄마와 함께 친구 집에 놀러갔습니다. 처음에는 친구의 장난감이 낯설어 멀리서 살피기만 하다가 기차를 발견하고는 신나게 놀기 시작합니다. 엄마는 비행기나 배를 권해 보기도 하지만 아이는 오로지 기차만 갖고 놉니다. 왜냐하면 기차는 아이가 자신의 흥미에 의해 선택한 것이기 때문이지요. 그러다 갑자기 종이블록을 가져와 기다랗게 정렬하여 기찻길로 사용하는 것이었습니다. 기차는 찾았는데 기찻길이 없으니 즉흥적으로 아이는 탐색 중에 봐 두었던 종이블록을 길게 나열하여 레일로 응용한 것입니다. 이처럼 아이들이 지닌 탐색과 실행능력은 새로운 환경 속에서도 스스로 적응해 가며 창의적인 결과물을 만들어 낼 수 있게 합니다.

다양한 색깔에 숫자와 글자가 적힌 장난감들이 있습니다. 탐색 능력이 발달한 아이는 이러한 장난감을 갖고 놀면서 색깔이나 숫자, 글자와 같은 다른 자극에도 관심을 기울입니다.

그러다 아이가 먼저 "이게 뭐야?"라고 묻거나 손짓으로 관심을 보일 때 "숫자 1이야"라고 반응해 준다면 아이는 숫자 1에 대한 개념을 훨씬 더 잘 배우겠죠. 하지만 아이가 아무런 관심이 없는데도 엄마가 먼저 "여기 빨강 있네?", "어머 이건 3이구나!" 하고 자극을 주입하려 한다면 효과는 크게 기대하기 어렵습니다. 기억이나 학습은 어떤 자극에 대하여 스스로 반응하고 집중할 때 최상의 효과를 얻을 수 있기 때문이죠. 따라서 부모가 아직 관심이 없는 상위 수준의 기술이나 개념을 직접적으로 가르치는 것은 오히려 아이의 인지학습을 방해하는 것입니다.

부모는 자기 차례가 언제인지 알아야 할 필요가 있습니다. 먼저 아이 스스로 관심을 갖고 탐색하며 자발적으로 부모를 끌어들이려 할 때 기다릴 것, 그리고 아이가 드디어 부모의 참여를 원할 때 즉각적인 반응을 해줄 것을 잊지 말아야 합니다.

아이가 자신의 능력을 잘 키워 나가기를 진정 원한다면 흔히 말하듯 '고기 잡는 법'을 가르쳐야 합니다. 그러기 위해서는 지금 아이가 다소 엉성하고 서툴러도 참고 기다려 줄 수 있어야 합니다. 당장의 답답함과 불안 때문에 '고기 잡는 법' 대신 '고기'만을 덥석덥석 떠먹여 준다면 아이 스스로 고기를 얻게 될 날은 점점 멀어질 것입니다.

유치원생 자녀가 초등학교에 들어가면 1등 하기를 원하십니까? 아니면 좋은 고등학교, 좋은 대학교에 입학하는 것을 목표로 하고 있나요? 요즘 현실은 어떻게 보면 오직 좋은 학교에 들어가는 것이 최대의 목표요, 종착지인 것처럼 느껴질 때가 많습니다. 그럼 그 이후에는 어떻게 되나요?

긴 인생에서 지금은 시작을 위한 기초과정에 불과합니다. 결국 사회에 나가 자신의 능력을 마음껏 발휘하는 것이 궁극적인 성공이 아닐까요?

부모는 아이의 발달 과정에서 전체 그림을 볼 수 있어야 합니다. 자기 수준에서 무언가를 자발적으로 해나갈 때 아이는 동기 부여가 되어 스스로 더 많이 연습하고 결국 성공의 궤도에 진입하게 될 것입니다.

아이들은 일상 속에서 가장 많이 배운다

어린아이들을 전문적인 기관에 보내면 정말 잘 배울 수 있을까요? 물론 뛰어난 시설과 잘 짜인 프로그램, 새롭고 진화된 교육 방식이 가져다주는 효과도 분명 있겠죠. 하지만 그 모든 시스템보다 훨씬 훌륭한 교육환경이 있습니다. 그것은 바로 '부모와 함께하는 일상생활'입니다.

연구 결과를 보면 부모와 자녀가 일상 속에서 함께하는 주고받기식의 상호적인 놀이가 아이의 학습 발달에 미치는 영향력은 25퍼센트를 차지합니다. 이것은 유치원, 보육기관, 특수교육, 치료 또는 특별 고안된 장난감이나 교구가 차지하는 비중보다 높은 수치입니다.

아울러 하루 중 부모와 아이의 상호작용 횟수가 어느 정도인가에 따라서도 아이의 학습능력은 영향을 받게 됩니다. 이때 부모들이 오해하지 말아야 할 것은 작정하고 놀아 주는 것만 의미하는 것이 아니라는 것입니다. '아이와의 놀이'라는 에피소드가 꼭 길고 거창해야 할 필요는 없습니다. 일상생활 속에서 아이와의 상호작용 에피소드는 대개 한 번에 5분 이내로 지속되는 정도입니다. 특별한 장난감이 필요한 것도 아니죠. 예를 들어 수유하기, 간식 먹기, 옷 갈아입히기, 목욕하기, 또는 단순히 말과 몸짓으로 대화하기 등 아주 사소하고 간단한 행동으로도 학습은 얼마든지 가능합니다.

여섯 살 대현이는 발달장애가 있어서 또래에 비해 말이 꽤 늦은 편입니다. 어른들이 하라고 시킬 때만 한 단어, 혹은 두 마디 정도 말을 할 뿐, 스스로 입을 여는 경우는 거의 없는 편이죠. 유아 특수학교 선생님은 대현이가 먹는 것을 좋아한다는 사실을 알고 음식 관련 단어부터 가르쳐 봤습니다.

밥, 우유, 고기, 어묵, 햄버거 등 평소에 좋아하는 음식 그림을 보여 주면 대현이는 미소 지으며 그림에 집중합니다. 그리고 선생님이 가리키는 음식을 하나하나 소리 내어 말하기도 하죠. 하지만 대현이의 관심은 그때뿐 일상생활로 돌아가면 다시 입을 꾹 다물어 버리고 말죠. 엄마는 어떻게 하면 일상에서 필요할 때 이러한 단어를 말할 수 있게 될까, 정말 고민이 이만저만이 아닙니다.

선생님은 학교에서 일부러 그림을 제시하며 가르치려 했던 방식을 변화시켜 일상의 자연스러운 상황에 적용해 보도록 엄마에게 권유했습니다. 사실 지금까지 엄마는 하루 중 따로 시간을 내어 정해진 시간에만 대현이와 학습을 해왔었죠. 그것도 엄마가 묻고 아이가 억지로 대답하는 지시적인 방법으로 말입니다.

오늘도 대현이는 평소처럼 식사시간 5분 전부터 식탁에 앉아 기다립니다. 평소에 엄마는 그런 대현이에게 "왔니?", "기다려, 엄마가 금방 줄게", "오늘은 불고기야, 불고기!" 하며 무의미한 말을 늘어놓곤 했지만 오늘은 다릅니다. 먼저 제시하지 않고 일단 대현이의 행동을 그대로 인정하고 아이의 방식대로 반응해 주기로 했습니다. 그래서 평소와는 달리 아무 말도 없이 그저 대현이를 바라보기만 할 뿐이죠. 식탁에 턱을 괴고 앉아 숟가락을 매만지던 대현이는 뭔가 변한 것 같은 낌새를 눈치 챕니다. 그렇게 침묵의 시간이 흐르자 슬슬 배가 고파지겠죠?

결국 대현이는 엄마 눈을 똑바로 쳐다보더니 "밥!" 하고 소리쳤습니다. 대현이가 식탁 앞에서 밥을 먹기 위해 적절하게 '밥'이라고 요구한 것은 이번이 처음이었습니다. 아이가 먼저 '밥'이라고 말하는 그 순간 엄마는 깨달았습니다. 이제까지 자신이 얼마나 말이 많았는지를. 아이의 언어표현 능력이 늦다는 것을 기정사실로 받아들이고 엄마 쪽에서 늘 유창하게 표현해 주다 보니 대현이 입장에서는 굳이 밥을 달라고 먼저 말할 필요가 없었던 것이죠.

부모들은 '학습'이란 것을 따로 시간을 내서 대가를 치러 가며 해야 하는 것으로만 여기는 경향이 있습니다. 예를 들어 어떤 엄마는 오감을 골고루 발달시켜 준다는 놀이학교에 가기 위해 매일 아침 "빨리 준비해", "차 놓치겠다!"라며 아이를 재촉합니다. 정작 아이는 그 순간에도 화분에 핀 꽃이며 창밖의 새소리에 온 정신이 팔려 있는데 말입니다. 결국 학교에 늦지 않기 위해 아이가 자발적으로 자신의 흥미를 확장시켜 보려는 의지는 모두 막아 버리고 서둘러 정해진 학습 장소로 가려고 애쓴다면 아이의 호기심은 쉽게 중단되고 또 그만큼 탐색 능력을 발휘할 기회조차 사라지고 말 것입니다.

일상의 모든 순간이 아이에게는 학습의 기회라는 사실을 부모들은 잘 인정하지 않으려 합니다. 학습은 오로지 학교에서 하는 것이라고만 생각하기 때문이죠. 중요한 것은 일상에서의 배움입니다. 생활 곳곳에서 놀이 상대자로서 함께하고 놀며 대화할 때 아이는 더 오랫동안 집중할 수 있습니다.

놀이상황에서 아이에게 '무엇을 해줄 것인가'를 생각하기보다 '아이에게 어떻게, 또 얼마나 반응할 것인가'를 먼저 생각해 봐야 합니다. 일상생활에서 아이에게 반응적으로 대한다는 것은 부모와 자녀 사이의 '주고받기식' 활동이 균형 있게 이루어진다는 의미입니다.

잊지 말아야 할 것은 '특정 시간의 정해진 놀이상황'이 아니라 '일상생활의 모든 에피소드'가 바로 아이의 학습 기회라는 사실입니다.

자발적인 동기가
생겨나는 순간

아이의 학습은 일상의 모든 활동과 경험을 통해 쉬지 않고 이루어진다는 사실을 살펴봤습니다. 부모의 관점에서 보면 일상에서 겪는 사건들이 아이의 인지학습에 영향을 미치기에는 너무 적거나 하찮게 느껴질 수도 있습니다. 하지만 일상의 그런 사소한 경험을 통해 얻은 정보들이야말로 아이의 지식을 넓혀 주고 추론 능력을 발전시킬 수 있는 거름인 셈입니다.

아이에게 배움이란, 전문학원에서 교육받았는가, 또는 특별하고도 새로운 자극을 경험했는가의 문제가 아니라 '스스로 하고 싶어서 했는가?'에 따라 달라집니다.

아이는 자신의 관심에 따라 스스로 참여할 때 가장 주의를 집중합니다. 그리고 그 상태에서 가장 효과적인 학습이 이루어질 뿐만 아니라 가장 이상적인 공부 습관으로 이어질 수 있겠죠.

반대로 아이의 활동이 외부의 의도 때문이거나 마지못해 시작된 것이라면 학습의 기회나 효과는 대단히 낮아질 것입니다.

아이에게 피아노를 가르치고 싶을 때 엄마는 피아노 학원을 찾습니다. 수소문 끝에 인근에서 실력이 가장 뛰어나다고 알려진 선생님에게 레슨을 의뢰합니다. 아이는 일주일에 세 번 정도 레슨을 받게 되겠죠. 가령 월, 수, 금 오후 1시에서 2시 사이에 '어김없이' 레슨을 받게 될 것입니다. 그런데 이렇게 정해진 시간에 아이가 언제나 '어김없이' 피아노에 흥미를 가질 수 있을까요? 물론 선생님이 피아노 실력만큼 아이의 흥미를 사로잡는 능력도 수준급이라면 어느 정도 기대해 볼 수 있겠죠. 하지만 아이가 만일 피아노보다 더 흥미 있는 것에 관심이 쏠리는 상황에서도 정해진 시간에 따라 피아노 앞에 앉아야 하는 상황이라면 레슨의 효과를 기대하기는 어려울 것입니다.

다른 경우를 생각해 볼까요? 아이가 텔레비전에서 우연히 피아노 연주를 보다가 흠뻑 빠져 버렸습니다. 피아노 연주자는 물론 선율이며 무대 조명까지 그렇게 아름답게 느껴질 수가 없습니다. 아이는 잠자리에 들어서도 계속 그 장면을 떠올립니다. 그리고 다음 날 아침 눈뜨자마자 피아노 앞에 앉아 피아노를 쳐보기 시작합니다. 아무도 시키지 않았지만 지금 이 순간 피아노를 치는 것보다 더 해보고 싶은 일은 없죠. 바로 '자발적인 동기'가 만들어지는 순간입니다. 이때 엄마가 다가와 "세상에, 너무 듣기 좋구나", "정말 피아니스트 같다, 애"라고 즉각적인 반응을 해준다면 이것이야말로 아이의 피아노 실력을 향상시키는 기술입니다. 엄마의 피아노 실력과는 아무 상관없이 말이죠. 왜냐하면 엄마가 인정해 준 덕분에 아이의 자발적인 연습 시간이 점점 늘어날 테니까요.

아이와 함께 일상에서 많은 시간을 보내는 부모나 어른은 아동이 주의를 기울이고 자발적인 동기를 부여하는 데 중요한 역할을 합니다. 아동은 반응적인 어른과 함께하는 사회적 상호작용 속에서 더욱 능동적으로 더욱더 주의를 집중하여 인지적 능력을 촉진하게 됩니다.

부모는
아이의 임시 지지대

아이가 처음 자전거를 배울 때, 부모는 넘어지지 않도록 자전거를 잡아 주며 함께 달립니다. 요령은 이미 알려 주었지만 결국 어떻게 중심을 잡아야 할지는 아이가 스스로 터득해야 하는 일이죠.

"아빠가 잡고 있으니까 걱정 말고 달려 봐."

아이는 그 말을 믿고 용기 있게 페달을 밟습니다. 그런데 얼마 지나지 않아 자전거가 아주 빠른 속도로 달리고 있다는 것을 깨닫게 됩니다. 게다가 뒤에서 붙잡아 주던 아빠도 보이지 않습니다. 혼자서 자전거를 타고 있는 것이죠.

아이의 발달에서 부모의 역할은 건축용어로 비유하자면 '비계 scaffolding'라고 표현할 수 있습니다. 비계는 건물을 지을 때 사용되는 임시 지지대입니다.

주변의 건물들을 볼 때 보통 외관의 장식과 내부 인테리어가 제일 먼저 눈에 들어옵니다. 그리고 좀 더 자세히 살펴보면 건물 전체를 지지해 주는 기둥이 보입니다. 이 기둥이 튼튼해야 아름다운 외관과 내부의 장식들이 안전하게 유지될 수 있을 겁니다.

기둥을 튼튼하게 잘 세우기 위해서는 먼저 철근으로 만들어진 골조에 시멘트를 부어 형태를 고정합니다. 이때 형태가 잘 굳어지도록 소위 거푸집이라 하는 임시 지지대를 만듭니다. 그리고 기둥이 완전하게 굳어져서 제 역할을 할 수 있을 때가 되면 임시 지지대를 떼어 냅니다. 이것이 비계의 역할입니다.

20세기의 뛰어난 발달심리학자인 비고츠키 L. S. Vygotsky 는 아동 학습에 있어서 부모의 역할을 비계 역할로 설명한 바 있습니다. 그에 따르면 부모는 건축물의 비계처럼 아이가 현재 사용하고 있는 행동이나 언어보다 '조금만' 앞서는 자극을 제공하는 것이 효과적입니다. 여기서 '조금만'을 유념해야 하는 것은 부모가 너무 앞서가거나 현재보다 높은 수준을 요구하지 말아야 하기 때문입니다. 부모는 아이 스스로 할 수 있을 때까지만 지지대 역할을 한 뒤 빠져나오라는 얘기죠.

링을 고리에 끼우는 장난감이 있습니다. 링의 크기나 색깔도 아주 다양합니다. 하지만 아이는 그저 링을 고리에 열심히 끼우고만 있죠. 아이가 이렇게 몰입해 있을 때가 바로 링의 크기나 색깔도 함께 배울 수 있는 기회입니다. 이때 엄마는 자기 차례가 되기를 기다려 링의 색깔을 구별해서 끼워 보기도 하고, 하나의 링이 다른 것보다 크거나 작아서 결과가 다르게 나온다는 사실을 말없이 시범으로 보여 줍니다. 그러면서 아이가 스스로 주의 깊게 관찰하고 인식할 수 있도록 도와주는 것이죠.

나아가 장난감 놀이에 약간의 변형을 시도해 봄으로써 아이에게 선택 범위가 다양하다는 사실을 자연스럽게 보여 줄 수도 있습니다. 예를 들면 아이가 장난감 트럭을 일렬로 나열하는 행동을 반복하고 있다면, 엄마 차례가 되었을 때 트럭 사이사이에 다른 것을 끼워 넣거나 트럭의 방향을 반대로 바꿔 보는 것입니다. 아이는 그 사소한 변형만으로도 놀이 유형이 바뀌었다는 사실을 눈치 챕니다. 물론 '이렇게 해야지', '그게 아니야'라는 말로 아이의 행동을 제지하지 말아야 한다는 사실을 명심해야겠죠. 이때 중요한 것은 아이의 눈을 계속 응시하며 반응을 잘 살펴야 한다는 것입니다. 만일 아이가 별로 흥미를 못 느끼고 있는데도 엄마가 일방적으로 개입하거나 주도한다면 그것은 더 이상 비계 역할이 될 수 없습니다. 아이가 현재 흥미로워하는 것에 부모의 눈길도 함께 머물러야만 아이로부터 주도적 활동을 이끌 수 있고, 그만큼 몰입할 수 있을 겁니다.

그렇다면 부모는 어떻게 아이의 자발적인 동기를 키울 수 있을까요?

아이가 할 수 있는 것만 요구하기

What 무슨 뜻인가요?

아이가 할 수 있는 범위 내의 학습이나 의사소통만을 기대해야 한다는 뜻입니다. 옆집 아이에게 내 아이를 맞추려 하지 마세요. 아이들의 발달 속도는 각자 다릅니다. 아이의 수준, 관심, 성향과 행동양식을 관찰하고 그에 초점을 맞춤으로써 아이는 흥미를 잃지 않고 학습하게 됩니다. 아이가 할 수 있는 범위를 넘어선 요구를 하게 되면 아이는 수동적으로 변하고 부모의 말을 무시할 수도 있습니다. 아이의 수준에 맞추게 되면 아이에게는 성공의 기회가 늘어나고 다음 발달 단계로 나아갑니다.

How 어떻게 할까요?

◆ 아이에게 무엇을 요청했을 때, 아이가 얼마나 잘 반응하고 활동에 적극적으로 참여하는지 관찰해서 아이의 발달 수준을 이해해 보세요.
◆ 조절 가능한 범위를 넘어선 요구를 할 때 아이가 얼마나 잘 따르는지, 혹은 그 요구를 어떻게 무시하는지 주의 깊게 살펴보세요.

10
부모가 반응적일 때, 아이의 의사소통 능력이 발달한다

비언어적인 수단을 통해서도 의사소통은 얼마든지 이루어집니다. 특히 아이들은 비언어적인 수단을 자주 사용하는 편이죠. 가령 사과를 먹고 싶을 때 아이는 "사과 먹고 싶어요"라는 말로만 의사를 전달하지는 않습니다. 그저 말없이 두 손을 펼쳐 보이기도 하고 여러 과일 중에서 사과를 들고 와 엄마에게 불쑥 내밀기도 합니다.

아이들은 정확한 단어를 사용하기 전에 먼저 자신의 의도를 이해시킬 수 있는 비언어적인 방식으로 상호작용하는 법을 배웁니다. 그런데 부모들은 이제 막 말을 시작하려는 두세 살 무렵의 아이들이나, 빠른 경우 갓 3~4개월밖에 안 된 아이들이 어떤 발성을 내며 의사소통을 시작하려 할 때 아주 성급해지곤 합니다. 아이가 소리를 내거나 말을 한다는 사실에 자극받아 '엄마', '아빠' 또는 '우유' 같은 단어들을 제대로 발성할 수 있도록 가르치려 애쓰는 것이죠.

비언어적인 의사소통이
대화의 시작이다

사실 언어발달이 늦거나 언어 발성에 문제가 있는 아이들은 색깔이나 이름, 혹은 일상에서 사용하는 물건에 대한 개념은 알지만 그러한 것들을 표현하는 단어는 알지 못하는 경우가 많습니다. 예를 들어 '물'이란 단어는 알지만 물을 마시거나 컵에 따르기 위해서 어떻게 표현해야 하는지는 모를 수 있다는 것입니다. 그것은 처음 말을 배우는 과정과도 연관이 있습니다.

사실 유아교육을 위한 숫자판이나 글자판, 혹은 색깔놀이에 사용되는 개념들은 실제 아이의 일상과는 그다지 상관이 없는 경우가 많습니다. 따라서 이런 도구들을 억지로 적용하려 한다면 오히려 이제 막 말을 시작하는 아이들의 입을 닫아 버리게 하기 쉽습니다.

대화는 자신이 느끼는 감정을 상대방과 교환하는 방식으로 이루어집니다. 이때 아이들은 물론 어른들도 꼭 소리로 표현하지 않아도 '말 없이' 의사소통이 가능합니다. 1~2개월 된 아기도 배가 고프거나 기저귀를 갈아 달라고 할 때 울음으로 표현합니다. 아기의 울음소리를 잘 들어 보면 배고플 때 내는 소리와 놀아 달라고 할 때의 소리가 약간

다르다는 사실을 알 수 있습니다. 엄마들은 이 민감한 차이를 빨리 구분해서 적절하게 반응해 줄 수 있죠. 그래서 아기와 엄마 간의 관계가 보다 빨리 친밀하게 맺어지는 것입니다.

때때로 아이가 말을 하지 않으면 부모는 언어발달이 늦는 게 아닌지 걱정합니다. '말하기'는 아동의 발달 중에서도 외형적으로 가장 쉽게 구분이 되기 때문에 부모들에게도 아주 민감하게 여겨지는 영역입니다. 그래서 인지나 신체발달, 감각기관의 사용 정도보다 또래에 비해 말을 잘 못할 때 부모들은 아이의 발달에 문제가 있다고 의심하게 되는 것이죠.

하지만 겉으로 표현되는 언어 발달의 정도보다 먼저 신경 써야 하는 것은 비언어적인 의사소통, 즉 언어적인 '의미'를 이해하고 소통하는 능력입니다. 아이가 사과를 보고 '사', '과'라고 뚜렷하게 말할 수 있는 것도 의사소통에 해당하지만 굳이 말을 하지 않더라도 여러 과일 중 사과를 들고 오는 것 역시 의사소통의 중요한 영역이라는 것입니다. 따라서 아이의 언어 발달을 단계적으로 잘 발달시켜 나가기 위해서는 먼저 아이의 현재 수준을 알고 비언어적 발달이 잘 되고 있는지부터 관찰하는 것이 중요합니다.

이것을 언어발달 분야에서는 수용언어 또는 언어이해 능력이라고 합니다. 언어능력은 소리 내어 나타내는 표현 언어와, 말이나 단어의 표현 없이 의사소통하는 수용 언어 영역으로 나눌 수 있습니다.

아이에게 글자를 가르칠 때 엄마들은 카드를 사용하곤 합니다. 카드마다 '고양이', '기린', '사자', '바나나' 같은 글씨가 그림과 함께 적혀 있죠. 엄마가 그림을 가리킬 때마다 아이는 해당되는 글씨를 용케 읽어 냅니다. 교육이 잘 이루어지고 있는 셈이죠?

하지만 엄마와 함께 걸어갈 때 고양이가 앞을 휙 지나가는데도 "고양이다!"라고 말하지 못하거나 마트에 갔을 때 바나나가 먹고 싶은데도 "바나나 사줘"라고 표현하지 못한다면 아직 언어 발달이 제대로 이루어졌다고 볼 수 없을 겁니다. 글자 카드의 단어를 얼마나 많이 아는가보다 그것을 가지고 얼마나 의사소통을 할 수 있는가가 더 중요합니다.

질문을 많이 할수록
아이의 말문은 막힌다

어린아이들에게 말을 가르치는 방법을 크게 두 가지로 설명할 수 있습니다. 우선 가장 보편적이고 쉬운 방법은 아이가 어른을 모방하도록 유도하는 것이죠. 아이에게 그림이나 사진, 혹은 특정한 행위를 보여 주고 그와 관련된 단어를 어른을 따라서 계속 반복하여 말하도록 하는 것으로 많은 부모들이 이 방법을 사용합니다.

두 번째로, 아이가 말하는 것을 그대로 따라 하며 대화하는 방법이 있습니다. 이 방법은 아이가 어른을 모방하도록 요구하거나 아이가 의도하는 것을 가로막지 않는다는 점에서 첫 번째 방법과 다소 상반됩니다.

현실적으로 첫 번째 방법, 즉 부모가 모델이 되어 아이가 단어를 반복하게 하는 것이 더 효과적이라 생각할 수도 있습니다. 반면에 두 번째 방법은 외형적인 효과 면에서 다소 더디게 진행되는 것처럼 보이기도 하지만, 아이가 단어를 배움과 동시에 일상생활에서도 자주 적용할 수 있다는 점에서는 훨씬 효과적이기도 하죠.

두 가지 방법의 차이는 결국 '아이가 의도한 바와 관련이 있는가?'에 달려 있습니다. 첫 번째 방법의 경우, 아이가 어른을 모방하면서 배운 단어들은 상대적으로 현재 아이의 관심과 그다지 관계가 없을 가능성이 큽니다. 따라서 부모가 만든 각종 도구나 카드를 통해 아이가 새로운 단어들을 배울 수는 있지만 그 단어들을 실제 적합한 상황에서 제대로 사용해 가며 의사소통하는 방식까지는 터득하지 못할 수도 있다는 얘기죠.

흔히 어른들은 자신이 가르친 것과 아이가 배운 것이 다르지 않다는 착각을 하곤 합니다. 하지만 학습이란 아이가 배운 것을 제대로 이해하고 실제 생활과 연관시킬 수 있는 상태를 뜻합니다. 그리고 그런 학습은 아이의 내면에서 능동적으로 받아들일 수 있는 자세를 필요로 하죠.

지영이는 일곱 살 된 여자아이입니다. 엄마는 적극적인 성격이라 아이를 가르칠 때에도 아주 친절하고 상세하게 설명해 주는 편이죠. 하지만 정작 지영이는 말수가 지나칠 정도로 적을 뿐만 아니라 엄마가 아무리 설명해도 반응이 거의 없어 답답할 정도입니다. 아이가 말이 없다 보니 엄마는 점점 더 말을 많이 할 수밖에 없게 되었죠.

엄마 : 지영아, 오늘 저녁에 우리 부침개 해먹기로 했지? 엄마랑 마트에 갈까? 부침개 하려면 재료가 있어야 되잖아. 그렇지?
지영 : 지금?
엄마 : 지금 가야지. 그래야 얼른 준비해서 저녁에 먹지. 안 그래? 그리고 지금 안 가면 마트에 사람이 엄청 붐빌 거야. 지금 가야만 싱싱한 재료를 살 수 있어.
지영 : (말없이 신발을 신는다.)
엄마 : 우리 저 아래 D마트에 가자. H마트는 오징어가 별로 안 싱싱하거든. 부침개에 오징어 넣으면 맛있겠지? 넉넉하게 해서 아빠 것도 만들고 옆집에도 좀 갖다 드리자. 우리 지영이가 만들었다고 자랑해야지.
지영 : (쑥스러워한다.)
엄마 : 참, 너는 부침개에 뭐 넣고 싶니?
지영 : 엄마가 오징어 넣는다고…….

엄마 : 그래도 말해 봐. 너는 뭐 넣고 싶니? 오징어는 엄마가 말한 거고, 네가 넣고 싶은 게 따로 있을 거 아니니? 그래, 뭐 넣고 싶어?

지영 : 응, 그냥 오징어 넣지, 뭐.

실제로 지영이는 말수가 참 적은 편이군요. 기질적으로 말을 많이 하지 않는 데다가 자기가 할 말을 엄마가 미리 다 해버리니 더더욱 말수가 줄어들 수밖에 없었죠.

지영이와 엄마를 잘 관찰해 보면, 단둘이 있을 때 잠깐의 침묵에도 엄마는 그 시간을 못 견뎌 재빨리 말을 하곤 합니다. 단지 2~3초의 침묵조차도 참지 못하는 엄마의 행동이 지영이가 반응하는 것을 방해하고 있었던 것이죠. 결국 엄마는 이 문제를 아이 탓이 아니라 자신의 숙제로 받아들여야 했습니다.

'지영이가 하고 싶은 말이 있는데 내가 말문을 닫아 버린 게 아닐까? 아이가 무슨 말을 할지 생각할 여유를 줘야 하지 않을까?' 하고 고민해 보기 시작했습니다.

그 뒤로 엄마는 스스로 말수를 줄여 나가는 동시에 아이에게 말할 기회를 주고자 노력하기 시작했습니다. 자, 그럼 이제 달라진 두 모녀의 대화를 들어볼까요?

엄마 : 지영아, 간식 먹고 싶지 않니?

지영 : 조금.

엄마 : 뭐가 좋을까?

지영 : 저번에 부침개 했으니까 다른 거?

엄마 : 지영이, 부침개 말고 또 뭐 좋아하더라?

지영 : 음……, 김밥?

엄마 : 무슨 김밥?

지영 : 치즈 김밥.

엄마 : 치즈 김밥이라……, 치즈 넣고 또 뭐가 들어가더라?

지영 : 치즈, 햄, 계란, 오이……,

엄마 : 뭐가 하나 빠진 것 같은데?

지영 : 뭔데?

엄마 : 음……, 글쎄 엄만 통 생각이 안 나네?

지영 : 음……, 나도 모르겠어.

엄마 : 단무지!

지영 : 아, 맞다! 나도 맞힐 수 있었는데, 아~ 아깝다!(잠깐 몇 초간의 침묵이 흐르고)

지영 : 엄만 어떤 김밥이 좋아?

엄마 : 응, 엄만 계란 김밥.

지영 : 계란은 원래 김밥에 들어가잖아? 계란 김밥은 뭐가 달라?

엄마 : 계란 김밥은 겉을 계란으로 싸잖아.

지영 : 아, 그럼 계란 김밥은 다른 김밥보다 계란 맛이 훨씬 더 많아지겠네.

엄마 : 빙고! 바로 그거야!

엄마와 지영이의 대화가 좀 달라졌죠? 대사의 양이나 상대방의 말에 대한 반응도 많이 달라졌습니다. 엄마가 말수를 줄이자 지영이의 말수가 늘었다는 점을 주목해야 합니다. 그뿐만 아니라 엄마는 짧으면서도 아이에게 생각할 여지를 주는 문장으로 대화를 유도해 나가고 있죠. 생각할 시간과 말할 기회를 동시에 얻은 지영이로서는 예전보다 훨씬 말을 많이 할 수 있게 된 것입니다.

대부분의 부모들은 아이가 말을 하기 시작하면 그때부터 끝없이 질문을 하거나 아이가 했던 말을 되풀이하도록 유도하곤 합니다. 하지만 이런 방법들은 부모로 하여금 '아이에게 말을 가르쳤다'는 만족을 줄지는 몰라도 실제 효과적인 측면에서는 반대의 결과로 이어집니다. 이런 방법들은 대개 아이와 부모 사이의 대화를 오래 지속하지 못하게 만들기도 하죠.

어른이 제시한 단어를 반복적으로 모방하도록 유도하는 것과 아이가 제대로 알고 있는지 확인하기 위해 거듭 질문하는 행동들은 아이와의 진정한 대화를 가로막는 걸림돌로 작용하게 됩니다. 왜냐하면 아이는 자신이 흥미를 느끼고 스스로 의도하는 것들을 가지고 대화할 때 비로소 동기화되기 때문이죠.

부모들이 어린 자녀와 함께 놀 때 자주 하는 말들은 다음과 같습니다.

"이건 무슨 색깔이지?"

"소방차 해봐, 소, 방, 차!"

"여기 딸기 있네? 이게 뭐라고? 한번 따라 해봐. 딸, 기!"

이런 것들이 과연 아이가 현재 흥미를 느끼고 의사소통하고자 하는 것들과 관계가 있는지, 그리고 진정으로 학습이 이루어질 수 있는지를 생각해 봐야 합니다.

부모는 아이가 들고 있는 초록색 지팡이를 통해 '초록'이라는 색깔을 분명히 가르쳐 주고 싶어 안달합니다. 하지만 아이는 지금 초록이니 빨강이니 하는 색깔 놀이 따위는 아무런 관심도 없죠. 다만 이 지팡이로 무슨 놀이를 할 수 있는지에만 온통 신경이 쏠려 있을 뿐입니다. 그런데도 부모는 옆에서 계속 "초록색 지팡이네? 초, 록, 색!" 하고 방해합니다.

결국 아이는 엄마나 아빠의 재촉에 못 이겨 '억지로' 색깔에 관심을 가져 보려 노력하겠죠. 하지만 그 와중에도 '지팡이로 뭘 할까?'라는 생각은 여전히 사라지지 않고 있습니다. 그러다 보니 부모와의 '색깔 놀이'에 주의를 집중하기가 여전히 힘들기만 합니다.

이렇게 부모와 아이 간에 시각이 다른 '어긋남'이 계속 반복될 경우, 아이는 놀이시간에 말하는 횟수가 점점 줄어들게 될 수 있습니다. 말할 기회가 줄어든다는 것은 결국 의사소통 능력을 키울 기회가 줄어든다는 의미와 같습니다.

부모들은 생각합니다. '먼저 말하지도 말고, 질문도 많이 하지 말라면 우리 아이들은 대체 무엇을 할 수 있을까?' 하고 말입니다. 아마도 걱정이 앞서겠죠.

아이들을 한번 믿어 보세요. 일일이 지시하거나 가르치지 않아도 아이 스스로 해나갈 것이라는 믿음을 가져야 합니다. 부모가 입을 닫으면 상호작용이 멈출지도 모른다는 생각은 지나친 기우이며 착각입니다. 부모가 아이보다 적게 말하며 상호작용에 초점을 맞출 때 아이는 비로소 '자기 생각을 통해 자기 입으로' 말을 하게 될 것입니다.

'아땅'을 '사탕'으로 고쳐 주지 마라

아이가 사탕을 집어들고 "아땅, 아땅", 혹은 "까까"라고 말할 때 부모들은 "아땅이 아니라 사탕이에요. 사, 탕!"이라고 즉시 교정해 줍니다. 많은 부모들이 수시로 이렇게 반응하고 있으며 이런 행동에 동의

할 것입니다. 즉 아이가 말을 제대로 배우려면 정확한 발음을 가르쳐 줘야 한다고 말이죠. 사실 일부 전문가들조차 부모들이 아이와 말할 때 '아기 말투'를 사용하는 것은 언어학습에 좋지 않다며 자제하도록 권유하기도 합니다.

하지만 연구 결과에 따르면 아이는 '어른 말투'보다 아기 말투로 의사소통할 때 더 관심을 가지고 반응적으로 참여하는 것으로 나타났습니다.

네 살이 넘은 유아가 아기 말투로 "아땅"이라고 할 때 엄마가 "사탕이라 해야지 사탕, 따라 해봐!" 하며 정확하게 교정해 주려 한다면 두 가지 오류를 범하는 셈입니다.

아이가 '아땅'이라고 하는 것은 어떤 이유로든 사탕보다 발성하기 편하기 때문입니다. 그런데도 지금 아이에게 발음하기 어려운 '사탕'을 자꾸 강요한다는 것은 한순간에 구강구조가 달라지지 않는 다음에야 몹시 어려운 일일 수밖에 없죠. 그 결과 아이는 좌절을 느끼고 심할 경우에는 아예 '아, 땅'이라는 단어조차도 더 이상 사용하지 않으려 할 수 있습니다. 제대로 배우기는커녕 포기해 버리는 것이죠. 이것이 첫 번째 오류입니다.

또 하나, 아이는 현재 사탕을 먹고 싶을 뿐인데 갑자기 '사탕'이라는 발음 공부로 의도가 '강제 전환' 되었습니다. 자신의 관심과 욕구의 초점이 완전히 왜곡되어 버린 데 대해 아이는 화가 나겠죠. 결국 다른 상황에서도 뭔가를 요구할 때 부모가 '발음 공부' 따위를 강요할지도 모른다는 불안감 때문에 아예 입을 닫는 경우가 많아질 겁니다. 이것이 두 번째 오류인 것입니다.

이렇듯 부모의 관심이 아이로 하여금 정확하고 어른스럽게 발음하도록 하는 것에만 치중된다면 아이는 부모와의 능동적인 대화를 꺼리거나 자꾸 망설이게 될 겁니다.

부모가 아이의 미성숙한 발음을 받아들이지 못한다는 것은 결국 아이에게 의사소통 기회를 주지 않겠다는 뜻이기도 하거니와 결과적으로 "네가 사탕이라고 말하지 않으면 사탕을 주지 않을 거야"라고 선언하는 것과 크게 다르지 않습니다. 그럼 아이는 부모와의 대화를 두려워하게 되고 대화 시간은 더욱 줄어들게 될 겁니다.

네 살 된 지민이는 어휘 수나 언어발달 수준이 또래에 비해 그다지 뒤처지는 편이 아닙니다. 하지만 이상하게도 다른 아이들과의 의사소통에 어려움을 겪고 있죠. 아이를 꾸준히 관찰해 보니, 아이가 무슨 말을 하거나 특정한 행동을 할 때마다 엄마가 재빨리 다가가 통역사, 혹은 대변인 역할을 하는 것이었습니다.

가령 선생님이 아이에게 과자를 주면 엄마는 아이가 뭐라고 하기도 전에 먼저 "고맙습니다, 해야지"라고 요구하기 일쑤였죠. 선생님과 헤어질 때도 엄마가 먼저 "안녕히 계세요, 해야지" 하며 나섰습니다.

엄마의 재촉이 있을 때마다 지민이는 기어들어가는 목소리로 "감사합니다", "안녕히 계세요" 하고 소리를 낼 뿐이었습니다.

가장 큰 문제는 이런 말들이 결코 아이 스스로 하는 것이 아니라 엄마의 요구에 따른 '따라 하기'일 뿐이라는 점입니다. 마치 로봇이나 앵무새처럼 말이죠.

언제까지 엄마가 아이를 졸졸 따라다닐 수는 없습니다. 비록 정확한 표현이 아니더라도 상황에 맞는 표현을 스스로 찾아가는 것이 중요하겠죠.

아이가 상황에 딱 들어맞고 어른스럽게 말하도록 압력을 행사하지 말아야 합니다. 그보다는 아이가 하는 말이 무엇이든 일단 받아들이고, 그 말이 의미하는 바대로 반응해 주면 됩니다. 만일 아이가 서투르게 발음했다고 해서 부모가 아이의 의사를 무시하거나 틀렸다고 지적하는 등 소통을 거부한다면 '네가 똑바로 말하지 않으면 엄마는 네 말을 들어주지 않을 거야'라고 표현하는 셈이 됩니다.

아이와 똑같이 미숙하고 아기 같은 말투로 의사소통하면 아이의 말이 늘지 않을 거라고 생각하나요? 오히려 일일이 아이의 말을 정확하게 교정해 주려 할 때 아이는 부모와 대화하는 것을 두려워하게 되고 점점 기피하게 될 겁니다.

아이의 방식대로 말해 줄 때
말문이 트인다

언어를 배워 나가는 과정에서 아이가 다른 사람과 원활하게 대화할 수 있도록 하기 위해서는 두 가지 측면을 고려해야 합니다.

첫째, 상대방의 언어를 이해할 줄 알아야 하고, 둘째, 자신의 언어를 사용할 줄 알아야 하는 것이죠. 이 두 가지는 매우 관련이 깊어 보이지만 한편으로는 다른 내용이기도 합니다.

일반적인 언어 자극 이론에서는 아동의 언어 학습에서 '아이가 언어 자극에 얼마나 노출되었느냐'를 중시합니다. 따라서 아이가 말을 이해하면 곧 언어로 표현하기 시작할 것이라고 생각하죠. 또한 아이의 이해 수준에서 노출된 언어 자극은 곧바로 표현 언어로 촉진될 것이라 봅니다. 즉 아이가 언어를 많이 들으면 들을수록 더 많이 배우게 된다고 주장하는 것입니다. 일상에서도 흔히 '엄마가 수다쟁이일 때 아이도 말을 빨리 배운다'는 믿음을 갖고 있습니다. 그래서 부모들은 일부러 할 말을 만들어 내고 질문하고 가르쳐 주느라 애를 씁니다. 심지어 부모의 말이 부족하다고 느끼면 아이를 제대로 키우지 못하는 것 같아 죄책감까지 생깁니다.

더 나아가 과거에는 부모가 아이의 언어 능력보다 더 높은 수준으로 대화할 때 아이의 언어 학습이 크게 발전한다고 주장하기도 했습니다. 그러나 실제로 이러한 주장들을 뒷받침할 만한 증거는 없습니다.

오히려 부모가 아이의 표현 언어를 촉진시키기 위해서는 아이의 현재 수준과 유사한 방식으로 접근하는 것이 가장 효과적이라는 사실이 입증되었죠.

부모가 할 수 있는 가장 좋은 방법은 아이가 이미 사용하고 있는 것과 관련이 깊은 단어나 표현을 배우도록 격려하는 것입니다. 다음의 대화를 들어 볼까요? 예를 들어 아이가 장난감 자동차를 들고 "빠방, 빠방!" 한다면 엄마는 "빠방, 빠-방? 자-동-차? 자동차는 붕하고 가자?" 하고 반응합니다. 그리고 잠시 후 "어, 여기 소방차도 있네? 소, 방, 차!" 하며 아이가 '빠방'에서 '자동차', 그리고 더 나아가 '소방차'로 발전하기를 기대하겠죠. 하지만 그 욕구를 꾹 참고 가장 적합한 반응을 택할 수 있어야 합니다. 그냥 아이가 말하는 대로 "빠방, 빠방" 하며 반응해 주는 것이죠.

아이가 '아', '어'와 같은 한 음절로 대화하려 한다면 부모도 그렇게 대화해 주는 겁니다. 그리고 아이가 '빠방', '자동차', '음매'와 같이 2~3음절로 된 단어로 대화하려 한다면 부모도 역시 그렇게 반응하는 것이죠. 억양이나 비슷한 단어, 표정만으로도 의사소통은 얼마든지 이루어집니다. 꼭 단어 수를 늘려 하나의 문장을 만들지 않아도 대화는 충분히 가능하죠.

이처럼 아이가 사용하는 단어나 발음, 억양을 그대로 따라 하면서도 그 내용에 대해 의미 있고 완전한 표현인 것처럼 반응해 준다면 아이는 편안하게 자신감을 키워 갈 것입니다. 그리고 더욱더 당당하게 자기 느낌이나 생각을 마음껏 표현하게 되죠. 심지어 상대방의 반응을 거울 삼아 자신의 의사표현 방법을 스스로 교정하기도 합니다. 아이는 이런 식으로 점점 더 많은 것들을 스스로 배워 나갑니다. 따라서 아이의 언어발달을 위해 상호작용하기를 원한다면 먼저 부모가 아이에게 집중하고 아이가 시작한 어떤 행동에 반응해 주는 것이 중요합니다.

예를 들어 12개월 이전의 아이들이 우연히 '어'라고 발음했다면 엄마도 '어' 하고 의미 있게 반응하는 것이 효과적이라는 것이죠. 또 세 살 된 아이가 우유를 마시고 싶어 '우' 하며 냉장고로 다가간다면 엄마 역시 '우~'라고 반응해 줍니다. 아이의 행동에 즉각적으로 반응해 줄 때 아이는 스스로 통제하고 있다는 느낌을 받게 됩니다. 엄마의 즉각적인 반응을 만날 때 아이는 비로소 자신의 행동이 엄마에게 작용하여 반응을 일으켰다는 것을 깨닫게 됩니다. 이것이 바로 통제감입니다. 자신의 활동에 대해 통제력을 느낄 때 아이가 언어를 배우는 속도는 그만큼 빨라질 것입니다. 또한 무언가를 얻고자 하는 자신의 행동이, 상호작용하는 다른 사람(예를 들어 엄마)에게 영향을 미쳐 그 사람을 움직이고 반응하게 만드는 힘이 있다는 것을 아이가 알게 되면 그런 행동을 더 많이 만들어 내게 될 것입니다. 그것은 곧 아이가 의사소통이나 학습 같은 활동에 더욱 능동적으로 참여하게 된다는 뜻입니다.

네 살된 진우라는 남자아이 이야기입니다. 진우는 어눌하게 말할 때마다 엄마는 정확한 발음을 가르치려고 애쓰곤 했습니다. 가령 진우가 '우퍼마케'라고 하면 엄마는 "아, 슈퍼마켓? 슈퍼마켓 가자고?", 혹은 "그래 맞아. 우리 어제 슈퍼마켓 갔었지?"라고 정정해 주는 식이었죠. 하지만 아이의 언어능력은 크게 나아지지 않았습니다. 결국 엄마는 '아이의 방식'대로 반응해 보라는 권유를 받아들여 보기로 했습니다.

진우가 '우퍼마케'라고 발음하면 엄마는 그대로 흉내 내어 "우퍼마케" 하고 반응해 주었습니다. 그러자 이번에는 진우가 이상하다는 듯 엄마를 쳐다보더니 천천히 "수, 퍼, 마, 케" 하며 나름대로 또박또박 발음하기 시작했습니다. 마치 엄마의 이상한 발음을 고쳐 줘야겠다는 듯이 말이죠. 그런 상황이 하루 중에도 몇 차례 반복되었습니다. 진우가 '시시깡'이라고 발음하면 엄마는 예전처럼 "수수깡 말이야!"라고 교정해 주는 대신 아이처럼 '시시깡'이라고 발음했습니다. 그러자 이번에도 진우는 "아니 시시깡 말고 시, 시, 깡!" 하며 엄마를 '가르치려' 했죠.

비록 자기도 제대로 된 발음을 내지는 못하지만, 진우는 무엇이 정확한 발음인지 구별할 수 있다는 자신감이 있었습니다. 그런 자신감으로 엄마의 서툰 발음을 애써 고쳐 주려고 하는 것이죠.

아직 익숙하지 않은 언어보다는 마음껏 사용할 수 있는 언어로 의사소통할 때 아이는 보다 적극적으로 대화에 참여하게 됩니다. 그렇게 점점 수다스럽게 자기 생각을 표현해 가며 부모와의 대화 시간을 늘려 나가겠죠.

그렇다면 부모는 아이의 의사소통 능력을 어떻게 촉진할 수 있을까요?

부모
노트

아이보다 적게 말하기

What 무슨 뜻인가요?

부모가 아이에게 말을 많이 할수록 아이의 말문은 막힙니다. 부모들은 끊임없이 아이에게 질문을 하거나 했던 말을 되풀이하도록 유도하는데 실제 학습적으로는 효과를 보기 힘듭니다. 이런 방식은 아이와의 진정한 대화를 가로막는 걸림돌입니다.

언어학습을 위해서는 아이가 언어자극을 받는 것이 중요하지만, 새로운 소리나 단어를 발성하도록 하는 것보다 아이가 이미 알고 있는 소리나 단어를 자주 실행해 보는 것이 더욱 중요합니다. 그러기 위해서는 아이가 더 많이 말할 수 있도록 부모가 기다려 주고 아이보다 적게 말하는 자세가 필요합니다. 이때 아이는 비로소 '자기 생각과 자기 입으로' 말하게 됩니다.

How 어떻게 할까요?

- 아이의 발달 수준에 맞는 짧은 문장으로 이야기하세요. 아이 수준대로 대화할 때 아이는 더 많은 발전 기회를 얻게 됩니다.
- 실험적으로 짧은 문장, 중간 정도의 문장, 또는 긴 문장을 사용해 보세요. 길이가 다른 각 문장에 따라 아이가 어떻게 반응하는지 관찰해 보세요.
- 아이와 대화할 때 부모는 같은 말을 몇 번이나 반복하나요? 한 번 세어 보세요, 가능한 한 반복은 피해야 합니다.

11 부모가 반응적일 때, 아이의 사회·정서 능력이 발달한다

사람은 태어나서 죽을 때까지 무수한 '관계' 속에서 살아갑니다. 특히 갈수록 복잡해져만 가는 현대사회에서 네트워크, 즉 사회적 관계의 중요성은 그 어느 때보다 강조되고 있죠. 그래서 요즘은 I.Q나 E.Q가 아닌 N.Q Network Quotient(인간관계지수)의 시대라 하여 아이들에게 사회적 관계형성 능력을 높이기 위한 교육의 필요성을 주장하고 있지요.

아이는 어릴 때부터 타인과의 관계를 형성해 가며 삶의 폭을 점차 넓혀 갑니다. 그렇다면 아이들의 관계 능력을 키우기 위해서는 어떤 방법이 가장 효과적일까요?

부모의 사랑을 표현하는
최고의 방법, 신뢰

학자들은 특별한 교육 프로그램보다 생후 2년 동안 부모와의 애착 형성이 아동 발달에 더욱 중요한 영향을 미친다고 합니다. 즉, 아이가 일상에서 겪는 대인관계의 어려움에 잘 대처할 수 있도록 하기 위해서는 기본적으로 어린 시절 부모와의 애착 관계를 통해 습득된 사회·정서적 기술이 바탕을 이루어야 한다는 것이죠.

만일 이 시기에 부모, 혹은 주 양육자와의 애착 관계에서 어려움을 겪는다면 아이는 상대방을 신뢰하거나 배려하는 데에도 어려움을 겪게 될 것이고, 이후 아동기를 거치는 동안 긍정적인 사회관계를 형성하기 힘들어진다는 이야기입니다. 부모와의 긍정적인 애착 관계는 아이로 하여금 타인과의 상호작용에서도 보다 긍정적으로 작용한다는 점에서 매우 중요합니다. 하지만 아동의 사회적 관계에 있어 단지 생후 초기의 경험만이 절대적으로 중요하다는 설명은 왠지 부족해 보입니다.

부모(양육자)와의 배려 있고 신뢰적인 경험은 아이의 성장기 내내 중요한 영향력을 갖습니다. 그러한 경험을 토대로 아이는 타인을 배려하고 신뢰하는 법을 배우게 되고, 새로운 상황에도 잘 대처할 수 있는 사회적 기술과 사고방식을 배워 나가는 것이죠.

부모와 아이가 긍정적인 신뢰 관계를 형성하기 위해서는 우선 함께 시간을 보내는 것이 필요합니다. 하지만 시간의 양만이 중요한 요인은 아닙니다. 엄마가 주 양육자이며 전업주부여서 하루 종일 아이와 함께할 수 있다고 해도 '어떻게 아이와 함께하는가?'라는 문제가 남습니다. 사람들 중 대부분은 한 장소에 함께 존재하는 것만으로 '함께했다'고 착각하는 경우가 많습니다. 하루 종일 아이와 한 집에 있으면서도 '옷 입혀 주기, 밥 주기, 용변 해결해 주기, 안전하게 돌보기'처럼 기초 욕구를 해결하는 데만 시간을 보낼 수도 있습니다. 또는 전화를 하거나 텔레비전을 보거나 집안일을 하느라 정작 아이와 마주하고 일대일로 상호작용하는 시간이 거의 없을 수도 있겠죠. 설령 부모가 자녀와 일대일로 상호작용한다 해도 대부분 아이를 훈련하거나 발달 행동을 일방적으로 가르치는 것이라면 둘 사이의 신뢰 관계는 제대로 형성되기 힘들 것입니다.

그리고 생후 초기에 엄마가 아이와 많은 시간을 함께 있었다고 해서 무조건 애착 관계가 형성되는 것도 아닙니다. 그 시간 동안 부모가 어떻게 자녀에게 반응해 주었는지가 더 중요하다는 것이죠.

결국 함께하는 시간이 비록 짧더라도 이야기할 때는 눈을 맞추고 가능한 한 자주 신체접촉을 하며 아이가 하는 것을 지지하고 북돋는 것, 그리고 자녀의 욕구에 따뜻하고 수용적으로 반응해 주는 것이 필요합니다.

부모의 반응적인 상호작용은 아이의 감정에 직접적인 영향을 미치며 애착 형성과 신뢰 관계를 더욱 단단히 맺어 줍니다. 또한 자신이 인정받고 있다고 느낄 때 아이는 스스로 가치 있게 여김으로써 더욱 능동적으로 상호작용에 참여하게 됩니다.

한편 발달장애 증상이 있는 아이들의 경우에는 특히 부모와의 애착 관계 형성에 어려움을 겪을 수도 있습니다. 가령 엄마가 불러도 반응이 없거나 심지어 도망가 버리기도 하죠. 그러나 엄마가 아이의 행동이나 습관을 충분히 이해하며 꾸준히 반응적으로 상호작용을 시도한다면 아이 역시 서서히 긍정적인 반응을 하게 될 것입니다.

그럼 '내 아이를 사랑하고 이해한다'는 부모의 마음을 아이에게 잘 이해시키려면 어떻게 해야 할까요? 먼저 아이의 행동에 그대로 반응해 주는 것이 필요합니다. 아이가 못마땅한 행동을 할 때 그것을 제지하거나 주의를 돌리기 위해 '이거 해라, 저거 하자'며 억지로 강요하는 것은 관계를 더욱 힘들게 할 뿐이죠. 예를 들어 아이가 손가락을 빨거나 물을 담았다 부었다 하며 단순하고 반복적인 행동을 할 때에도 아이의 그런 행동을 그대로 따라 해줌으로써 '존중과 이해'의 마음을 보여 주는 것이 필요합니다. 이러한 상호작용이 지속된다면 아이가 엄마와 함께 무엇인가를 하기 위해 점차 곁으로 다가오는 것을 발견할 수 있을 것입니다.

처음에는 엄마로부터 약 1~2미터 이상의 간격을 두고 맴돌던 아이가 점차 엄마와의 거리를 좁히고 결국에는 엄마의 손을 잡거나 무릎에 앉아 자신의 요구를 먼저 요청하게 될 것입니다. 먼저 부모와 신뢰 관계가 잘 형성되었을 때 아이들은 이후 유치원이나 어린이집에서 또래나 선생님들과도 긍정적인 사회적 관계를 잘 맺어 나갈 수 있습니다.

우울한 엄마 아래 우울한 아이

인간이 사회적 동물이라는 것은 여러 사람과의 관계 속에서 살아간다는 의미입니다. 때문에 사회적인 여타의 능력 이전에 먼저 그 관계를 통해 자신의 존재감을 형성하는 것이 기본입니다. 하지만 때로는 자기만의 세상에만 머물러 있는 것처럼 보이는 아이들도 있습니다. 사람들과 상대하는 것 자체를 꺼리거나 아예 상대를 무시하고, 심지어는 다른 사람이 없는 것처럼 행동하는 경우도 있죠. 이러한 반응을 보이는 아이들은 새로운 자극에 반응하는 속도가 느리거나 사회적 상호작용에 두려움을 갖고 있는 경우가 대부분입니다. 때로는 타고난 장애로 인해 사회적 관계를 형성하는 능력이 부족한 경우도 있죠.

어쩌면 과잉반응을 하는 아이들보다 이렇게 반응이 아예 없는 아이들이 오히려 다루기 편하다고 생각하는 부모들도 있을지 모르겠습니다. 하지만 장기적으로는 반응을 하지 않는 아이들이 사회·정서 발달 면에서는 더 심각할 수 있습니다. 왜냐하면 이러한 과소반응적인 아이들은 사회적으로 고립되고 위축되어 심한 경우에는 우울 증세까지 보일 수 있기 때문이죠.

과소반응적인 아이들은 애정 표현을 잘하지 못하고, 부모와의 상호작용에서도 별 반응을 보이지 않고 주변 사람들과 함께 지내는 것을 좋아하지 않게 됩니다. 그래서 또래들로부터 따돌림을 당하거나 스스로 무리에서 벗어나 외톨이가 되기도 하죠.

하지만 아이의 타고난 성향이 매우 내향적이거나 표현 능력이 없다고 해서 영원히 다른 사람들을 반응적으로 대하지 못할 것이라고 단정할 수는 없습니다. 자녀가 보여 주는 미묘한 정서적 신호를 부모가 민감하게 살피고 반응해 준다면, 아이도 점차 정서적으로 반응할 수 있기 때문이죠. 이때 반응적이라 함은 '응답'의 의미이기 때문에 아이에게 대답을 강요하거나 감정을 표현해 보라며 재촉하지 않도록 주의해야 합니다. 자칫하면 아이의 기를 죽일 수도 있기 때문입니다.

아이가 지나치게 반응이 없다며 걱정하는 엄마들에게 되묻고 싶은 것은, '아이의 상태에만 초점을 두지 말고 엄마의 정서 상태를 살펴보라는 것'입니다. 엄마의 정서는 곧 아이에게 영향을 미치기 때문이죠. 우울한 엄마에게는 우울한 아이가 있고, 활기찬 엄마에게는 활기찬 아이가 있습니다.

심리학자 피엘드$^{T.\,M.\,Field}$는 우울증이 있는 엄마가 아기와 상호작용하는 장면을 관찰한 결과 매우 놀라운 점을 발견했습니다. 아기들 역시 엄마처럼 우울하고 생동감이 없는 정서 유형을 나타내고 있었던 것입니다. 게다가 유쾌한 어른들과 상호작용할 때조차도 엄마와 함께 있을 때처럼 우울 증세를 계속해서 나타냈죠. 엄마의 우울한 감정과 정서적 특성이 그대로 아이에게 습득된 것입니다.

왜 이런 결과가 나타나는 것일까요? 먼저 우울증은 자신을 무가치하게 여기게 만듭니다. 그 결과 에너지를 잃어 점점 무기력하게 행동하고 어떤 상황이 닥쳤을 때 그것을 극복해 나갈 힘을 발휘하지 못하고 그 상황에 쉽게 굴복해 버리는 악순환이 되풀이됩니다. 문제는 실제 능력과는 상관없이 오로지 자신의 부정적인 판단만으로 기존의 에너지마저 상실한다는 것이죠. 엄마가 이러한 상태일 때 아이들 역시 일종의 소아우울 증상을 나타내는 것입니다. 아이들이 장난감을 보고도 별로 호기심을 느끼지 않거나 뭔가 하고자 하는 동기도 없이 그저 무기력하게 처져 있다면 소아 우울증이 아닌지 의심해 볼 수 있습니다. 이러한 아이의 정서는 부모 이외에 다른 어른들과의 상호작용에까지 연장되고, 결국 아이의 사회적 관계 전반에 영향을 미치게 됩니다.

부모의 우울증은 부모 자신의 문제를 넘어 아동의 정서 상태에도 중요한 의미를 가집니다. 물론 일상에서의 일시적인 우울 증세가 모두 문제시 되는 것은 아니겠죠. 사람은 누구나 조금씩은 우울한 기분을 느낄 때가 있습니다. 그러나 부모들 대부분은 잠시 그러다가도 어느 정도 시간이 지나면 우울한 느낌으로부터 스스로 벗어날 수 있습니다. 마찬가지로 대부분의 아기들에게도 선천성 우울증이란 없기 때문에 일상에서 잠깐씩 겪는 엄마의 우울한 정서에 대처할 수 있습니다. 하지만 만일 엄마의 우울 증세가 심각하거나 오래 지속된다면, 아이의 정서에도 적신호가 켜지게 됩니다.

아이의 성향에 부모의 기대를 맞춰라

"애가 고집이 너무 세요."
"도대체 말을 통 듣지 않아요."

아이 키우면서 이런 고민 안 해본 부모는 없을 겁니다. 아이들이 떼쓰고 억지 부리는 것에 대해 부모들 대부분은 비슷한 해석을 내리죠. 아이가 자신의 의지를 관철시키기 위해 고의적으로 반항하는 것이라고 말입니다. 그도 그럴 것이 아이가 심하게 짜증을 부리고 떼를 쓰는 상황을 보면 주로 자기가 원하는 것을 부모가 못하게 할 때 발생하기 때문입니다. 식당이나 마트처럼 사람이 많은 곳에서 아이가 나자빠져 버리고 크게 울어 댄다면 엄마는 당황스럽고 남 보기가 창피해서 어떡

하든 이 사태를 빨리 마무리 지으려 합니다.

하지만 이렇게 겉으로 드러난 행동만으로 아이가 잘못되었다고 단정하는 것이 과연 옳을까요? 아니면 반대로 아이와의 신뢰 관계를 위해 그 모든 짜증과 억지를 그대로 받아 주어야만 할까요?

여기서 우리는 아이가 그런 부적응적인 행동을 하는 진짜 원인에 대해 깊이 생각해 볼 필요가 있습니다. 어쩌면 그 상황이 두려워서 즉, 자기 능력으로는 감당하기 어렵거나 자신의 흥미와 관심에 정면으로 배치되는 상황이기 때문은 아닐까요?

이제 여섯 살 된 재준이는 정말 에너지가 넘치는 아이입니다. 집에서건 유치원에서건 조금 과하다 싶을 정도로 활동적인 편이죠. 그래서 엄마는 재준이에게 책을 읽히거나 조용히 집중하는 놀이를 시켜야겠다고 생각했습니다. 하지만 재준이는 틈만 나면 밖에 나가자고 졸라대기만 합니다. 엄마가 반대하면 온 집안을 돌아다니며 난리법석을 피웁니다. 그때마다 엄마는 재준이가 좋아하는 과자로 달래거나 책 읽고 나면 밖에 나가 놀 수 있다는 조건을 걸어 보기도 했습니다. 하지만 재준이는 좀처럼 잠시도 가만있지 못하고 이리저리 몸을 비틀며 한숨을 쉬곤 했죠. 또 유치원이 끝나기만 하면 무작정 놀이터에 가자고 졸라댑니다. 엄마는 그런 재준이를 겨우겨우 달래서 집으로 데려왔습니다.

엄마 : 재준아, 우리 간식 먹고 같이 책 읽을까?

재준 : 응.

엄마 : 우리 재준이, 책 잘 읽지? 엄마랑 같이 책 읽어 보자, 응?

재준 : (한두 장 넘기기가 무섭게 몸을 비틀기 시작함) 엄마, 축구해요. 난 축구선수 할 거야.

엄마 : 책부터 다 읽어야지!

재준 : (이미 거실에서 공을 차며 뛰어다님) 엄마, 뭐해? 엄마 차례야!

엄마 : 아래층에서 올라오겠다! 이제 그만!

아이가 지나치게 활동적이라는 사실은 일찍감치 알고 있었지만, 그래도 엄마는 자신이 계획한 스케줄을 바꾸면서까지 아이 성향에 맞추어 주지는 않고 있습니다. 그리고 틈만 나면 아이에게 부족한 부분을 채워 줄 궁리만 했지 아이 성향을 제대로 이해하려는 시도는 없죠. 엄마의 눈에 재준이는 언제나 산만하고 요란한 아이로 평가될 뿐이었습니다.

그래서 이번에는 방법을 바꾸어 보기로 했습니다. 먼저 재준이가 지닌 특성을 인정하는 것부터 시작해야겠죠. 다음 날도 역시 재준이는 유치원 버스에서 내리자마자 놀이터에 가겠다고 졸라 댑니다.

엄마 : 그럴 줄 알고 엄마가 모래놀이 그릇이랑 공도 가져왔지.

재준 : (활짝 웃으며) 앗싸! 엄마 최고!

엄마 : 그럼 뭐부터 할까?

재준 : 음, 그네!

엄마 : 엄마가 그네 밀어 줄까?

재준 : 응! 엄마, 더 세게 밀어! 더 높이, 하늘까지!

　　　(그네를 실컷 탄 뒤 미끄럼틀로 달려가며)

재준 : 엄마, 미끄럼 타고 축구 한 다음에 집에 갈게요!

　　　(한참 동안 신나게 놀더니 엄마에게 달려와)

재준 : 엄마, 다 했어요. 미끄럼도 타고 축구도 했어요.

엄마 : 우아, 재준이 오늘 정말 신나게 잘 놀았구나? 이제 집에 가서 뭐 할까?

재준 : 점토놀이 할 거야!

엄마 : 좋았어! 우리 재준이 운동도 잘하고, 만들기도 잘하지?

엄마의 행동이 어떻게 바뀌었나요? 우선 아이가 할 수 있는 수준을 이해하고 아이의 성향에 엄마의 기대를 맞추었습니다. 그런 다음 반응적인 상호작용을 이어 가자 아이 역시 스스로 엄마의 요구에 순응하게 되었죠. 그 뒤로 재준이는 스스로 책을 펼쳐 드는 시간이 조금씩 늘어났습니다. 물론 여전히 밖에서 노는 것을 좋아하지만 안에서의 활동과 밖에서의 활동이 점점 균형을 이루게 되었죠.

부모를 괴롭히려고
짜증내는 아이는 없다

반응적인 부모는 아이가 심하게 짜증낼 때, 그것을 스트레스에 대처하는 능력이 부족한 결과로 봅니다. 아이가 부모를 고의적으로 괴롭히거나 반항하기 위해 '짜증'이라는 수단을 사용하는 것이 아닐 수도 있다는 것을 인정하는 것이죠. 즉, 아이가 심하게 짜증을 낸다는 것은 곧 자신의 정서를 통제할 수 있는 능력이 부족해서 나타난 결과라는 것입니다.

이러한 관점은 엄마의 행동에 매우 중요한 방향을 제시합니다. 만일 아이가 짜증을 내는 것이 단순히 엄마를 괴롭히기 위한 행동이라 해석했다면 엄마는 벌을 주는 것이 당연하다고 생각하겠죠. 하지만 아이의 스트레스 대처 능력이 부족한 것이라 해석한다면 아이와 좀 더 공감하려고 하고 아이의 감정 상태를 효과적으로 완화시킬 수 있도록 보살펴 주게 될 것입니다. 어떤 경우에는 아이가 열 가지를 요구할 때 부모가 아홉 가지를 들어주고 한 번을 거부했을 뿐인데도 아이들로부터 '우리 엄마만 무조건 안 된대'라는 말을 듣기도 합니다.

대부분의 아이들은 대략 18개월이 지날 때부터 심한 짜증을 내기 시작합니다. 하지만 이 연령대의 아이들은 '짜증'이라는 수단이 부모를 설득하기 위해 사용될 수 있다는 사실을 알지 못합니다. 단지 자신의 불편함을 나타내는 감정의 표시일 뿐입니다. 따라서 아이의 행동에 대해 무조건 꾀를 부린다고 단정하고 대한다면 아이는 부모와의 긍정적인 관계 형성에 큰 상처를 받게 될 것입니다.

일단 아이의 말을 있는 그대로 믿어 보세요. 아이의 말 속에 또 다른 속뜻이 있다는 가정은 하지 않는 게 좋습니다. 이것은 아이와의 관계뿐 아니라 부부나 친구관계에서도 마찬가지입니다. 상대방의 숨은 의도를 미리 헤아려 주는 것은 물론 좋은 일이겠지만, 때로는 그것이 너무 지나쳐서 자칫 왜곡할 수도 있습니다.

어린아이들은 아직 분노, 스트레스, 불안을 다룰 수 있는 전략을 가지고 있지 않습니다. 그래서 자신의 감정을 가라앉히기 위해 그저 손가락을 빨기도 하고 늘 담요나 인형을 안고 있거나 때로는 그냥 잠들어 버리기도 합니다. 만일 부모가 이러한 행동마저 제지할 때 아이들은 더욱 폭발적이고 공격적인 행동으로 스트레스나 분노의 감정을 드러내기도 합니다. 이럴 때일수록 부모가 안고 쓰다듬으며 이야기를 해 주거나 토닥토닥 두드려 주는 것이 아이를 안정시키는 데 훨씬 효과적입니다.

부모는 자녀를 따뜻하게 보듬어 주는 정서적인 담요 역할을 합니다. 아이의 부적응적인 행동을 제지하는 것보다 현재의 행동을 있는 그대로 받아들이고 인정해 줄 때, 아이는 스스로 자신의 감정을 가라앉힐 수 있는 방법과 부정적인 감정에 대응하는 방법을 서서히 배워 가게 될 것입니다.

하지만 불안하고 혼란스러워하는 자녀의 감정 상태를 문제라고 생각하고 그냥 내버려 두게 되면, 홀로 남은 아이는 정서적으로 지치거나 스스로 안정을 찾는 방법을 학습할 수 있는 중요한 기회를 놓치게 됩니다.

어떤 부모는 아이가 울거나 짜증을 낼 때 그것을 잠재우고자 숨겨 두었던 사탕이나 초콜릿을 이용해 '억지로', 혹은 '쉽게' 안정시키기도 합니다. 이것은 결국 아이로 하여금 '울음'과 '짜증'이라는 수단이 자신에게 유리한 결과를 가져온다는 사실을 가르치는 것과 같습니다.

때로는 다른 아이들에 비해 감정기복이 심한 아이들도 있습니다. 이러한 아이들은 자신의 감정을 통제하는 능력이 다른 아이들에 비해 부족한 경우가 많습니다. 만일 이 아이들이 정서적으로 혼란스러울 때 부모가 아이 혼자서 자제하기를 기대한다면 그것은 자녀가 할 수 없는 것을 무조건 강요하는 것과 같습니다. 그렇다면 어떻게 해야 할까요?

까다로운 기질을 지닌 아이와의 관계에서 갈등을 줄일 수 있는 한 가지 방법은, 아이가 자기 수준에서 잘 반응할 수 있도록 시간을 주는 것입니다. 예를 들어 가족이 둘러앉아 40여 분 동안 식사할 때, 아이가 잠시도 못 앉아 있고 이리저리 돌아다닌다면 아이는 매번 부모에게 혼나고 서로의 감정만 격해질 것입니다. 이럴 때는 차라리 식탁에 앉지 않아도 된다거나 5분 뒤에 일어나도 된다는 식으로 허락해 주는 것이 낫습니다. 또 아이가 낯선 사람을 두려워해서 늘 엄마에게 코알라처럼 달라붙는다면 '내 아이만 유별나게 구는 것'이라고 생각하며 구태여 아이를 떼어 놓으려 애쓰지 말고, 차라리 낯선 사람에 대한 경계가 사라질 때까지 끌어안고 안심시켜 주는 것입니다. 아이가 다른 아이들처럼 일찍(9시) 잠자리에 들지 못한다면 재우려고 애쓰기보다는 취침 시간을 좀 늦추어(11시) 그 시간 동안 다른 것을 하도록 허락해 주는 편이 낫습니다. 또한 자매나 형제가 장난감을 놓고 자주 싸운다면 둘이 동시에 놀 수 있도록 장난감을 두 개 준비해 주는 겁니다.

아이의 기질이나 타고난 성향으로 인해 나타나는 자연스러운 행동을 강제로 제지하기란 결코 쉽지 않습니다. 부모가 아무리 강제하더라도 실랑이는 끝없이 되풀이될 겁니다. 부모는 장기적인 목표가 있어야 합니다. 일단 아이의 기질과 성향에 맞추어 아이가 현재 수준에서 할 수 있다고 기대하는 것에 목표를 설정한다면, 아이들은 시간이 지남에 따라 대부분 부모의 기대에 순응하는 법을 배우게 됩니다.

부모가 인정해 줄 때
아이는 자신감을 키운다

아이가 자기 자신을 종종 다른 아이와 비교하거나 스스로 열등하다고 생각하는 경우가 있습니다. 이런 아이들은 눈동자가 처져 있고 표정에서도 의기소침해진 흔적을 금방 알아볼 수 있습니다.

아이의 학습 성취도는 타고난 능력이나 교육 방식의 영향도 받겠지만 실제로 가장 중요한 요소는 자기 자신에 대한 '믿음'과 '할 수 있다는 생각', 즉 자신감입니다. 자신감은 가지고 있는 실제적이고 객관적인 능력에 대한 평가가 아니라, 자신에 대해 느끼는 주관적인 감정적 평가라 했습니다.

어느 시대에나 불가능을 가능하게 만드는 사람들이 있습니다. 그리고 그들 중 천재라고 불리는 이들보다는 할 수 있다는 자신감과 긍정적인 믿음을 가진 '평범한 사람'들이 더 많습니다. 설령 장애가 있는 아이일지라도 많은 것들을 성취할 수 있다는 사실을 스스로 깨달을 수 있어야 합니다. 하지만 아이에게 '넌 할 수 있어! 그런 생각을 가지도록 노력해야지. 해낼 수 있을 거야!'라고 주장한다고 해서 그런 능력이 저절로 생겨나는 것은 아니겠죠.

자녀 교육에 남다른 열정을 지닌 부모들은 조기교육의 중요성을 강조하곤 합니다. 그러나 아이의 발달 능력을 끌어올리는 것보다 자신감과 긍정적인 마인드를 키우는 것이 더 중요하다는 사실을 알아야 합니다.

자신감은 성공적인 경험이 축적되면서 서서히 형성됩니다. 설령 조기교육을 통해서 많은 지식을 얻었다 하더라도 자신에 대한 믿음이 부족하다면 아이의 능력은 균형을 잃게 됩니다. 또한 부모가 아이에게 적절한 의사소통 능력과 문제에 대처하는 기술을 정성껏 가르친다 해도 정작 아이 스스로 자신의 능력을 믿지 못한다면 교육이 제대로 이루어졌다고 할 수 없겠죠. 중요한 것은 자신감입니다. 하지만 아이가 아직 알지 못하는 기술들을 배우고 발달시키도록 강요해서는 안 됩니다.

아이의 자신감은 무엇보다 부모가 일상에서 겪는 사사로운 에피소드 속에서 아이와 어떻게 상호작용하는가에 따라 커다란 영향을 받게 됩니다. 그런데 부모가 피곤하거나 우울할 때는 무의식중에 부정적인 메시지를 전달할 수도 있고, 아이와 함께하는 시간이 부족하거나 즐겁지 않을 수도 있습니다. 또는 반대로 부모가 자녀 교육에 너무 열성적이어서 수준 이상의 목표에만 관심을 둔 나머지 실제로 아이가 좋아하는 것들에는 그다지 관심을 보이지 않는다면 이 또한 부정적인 관계를 형성하는 요인이 될 수 있습니다.

자녀에 대한 사랑과는 별개로 부모가 자녀에게 소홀하거나 무관심한 듯한 느낌을 준다면 무의식중에 아이에게 '너는 완벽하지 못하다, 조금 덜 바람직하다, 능력이 없다'는 메시지로 전달될 수 있습니다. 부모가 긍정적인 메시지를 줄 때 아이가 자신에 대해 긍정적인 이미지를 형성하는 것과 마찬가지로, 매일 부정적인 메시지에 노출되는 것은 결국 아이로 하여금 자신의 능력과 가치에 대하여 부정적인 인식을 형성하는 결과를 낳습니다.

　몇 년 전 뉴스에서 보도되었던 사건입니다. 어느 시골에 형제처럼 친한 두 소년이 있었습니다. 한 아이는 열두 살이고 다른 아이는 열 살이었는데 공교롭게도 두 아이 모두 어머니가 집을 나간 상태였습니다. 아버지가 막노동을 하며 알코올중독자라는 점까지 똑같았죠. 그러다 보니 두 소년은 늘 함께 다니며 집에도 잘 안 들어가고 비행을 일삼았습니다. 그런 어느 날, 두 소년은 교회에서 새벽기도를 하고 있는 아줌마의 가방을 뺏으려고 뒤에서 머리를 내리쳤습니다. 그런데 그만 아줌마가 그 자리에서 죽고 말았습니다. 두 소년은 눈 깜짝 할 사이에 살인범이 된 것이죠. 그러나 아직 둘 다 미성년자여서 훈계조치 처벌만 받았고, 열두 살 된 소년은 청소년 보호감호를 받게 되었습니다. 방송에서는 이 사건 이후 3년 뒤 아이들의 근황을 다시 추적했습니다.

　놀랍게도 두 소년은 서로 다른 삶을 살고 있었습니다. 당시 열두 살이었던 큰 아이는 이후로도 다른 사건으로 인해 여전히 청소년 보호감호기관에 있었습니다. 3년이라는 시간 동안 몇 번씩 들어갔다 나오기를 반복하고 있었죠. 하지만 당시 열 살이었던 작은 아이는 중학교 1학년생으로 평범한 삶을 살고 있었습니다. 작은 아이의 경우, 사건이 있고 6개월 뒤 아버지가 돌아가셨고, 집을 나갔던 어머니가 다시 아이를 키우게 되었습니다. 어머니는 재혼한 상태였지만 의붓아버지와 모든 가족이 아이를 따뜻하게 안아 주었습니다. 아이가 저질렀던 끔찍한 일에 대해서는 가족 모두 일체 거론하지 않고 오로지 사랑과 지지만이 있었죠. 그런 가운데 이 아이는 다른 평범한 아이들과 마찬가지로 학교에서 공부하며 하루하루를 평화롭게 보내고 있었습니다.

반대로 큰 아이의 경우, 여전히 알코올중독자인 아버지와 할머니 곁에서 지내며 매일같이 문제를 일으키곤 했습니다. 인터뷰에서 아버지는 '자식을 많이 사랑한다, 그래서 상처를 주기 싫어 새어머니도 들이지 않고 오직 자식 뒷바라지만 하는데 자꾸 죄를 지어 안타깝기만 하다'며 눈물을 흘렸습니다. 하지만 할머니의 증언은 달랐습니다. 아버지가 아이를 매로 다스린다는 것이었죠. 알고 보니 아버지는 아들에 대한 사랑을 말로 표현하지는 않고 그저 "이놈의 자식, 왜 그런 짓을 했니? 도대체 왜 그러니?" 하며 매로 벌을 주기만 했던 것입니다.

부모가 아이에게 매를 든다고 해서 사랑이 없는 것은 아닐 겁니다. 하지만 우리 부모들이 자신의 진심을 표현하지도 못한 채 자녀에게 부정적인 태도를 보인다면 결국 아이에게 '모두들 나를 부정하는구나'라는 생각으로 굳어질 수 있습니다. 이것은 자기 자신을 가치 없는 사람으로 판단하도록 가르치는 것과 같습니다.

아이가 아주 어릴 때부터 부모와 함께하는 일상의 활동을 통해 작은 성취를 경험하는 것이야말로 자신감 형성에 지대한 영향을 미칩니다. 이러한 성공의 체험들은 시간이 지나면서 점차 자신이 누구이며 무엇을 할 수 있고, 스스로 얼마나 가치 있는 존재인지 깨닫게 되는 자양분이 됩니다. 이렇게 어린 시기에 형성된 자신감은 이후 평생에 걸쳐 아이의 내면에 긍정적인 마인드를 형성할 것입니다.

최상의 조기 교육은 '자신감 키워 주기'

아동의 성장기에 있어 초기 무렵에는 아이가 성취한 결과 때문만이 아니라 자기 자신이 있는 그대로 부모에게 가치 있게 받아들여지고 있다는 사실을 알게 해주는 것이 중요합니다. 특히 아이가 또래보다 발달이 늦는 경우를 보면, 부모나 교사가 아이에게 비교적 어려운 과제를 내준다는 공통점이 있습니다. 자연히 아이가 수행한 결과는 또래에 비해 만족스럽지 못할 수밖에 없죠. 결국 발달이 늦은 아이들은 상대적으로 자신이 성취한 결과를 통해 스스로 자신감을 얻는 경험이 부족해지는 것입니다.

간혹 어른들은 아이가 자칫 교만해지지 않을까, 하는 생각에 칭찬을 아끼기도 합니다. 그래서 잘한 것은 그대로 두고, 아직 모자라거나 부족한 부분을 지적하는 일이 더 많습니다. 그래야만 아이의 능력이 골고루 발전하지 않겠냐는 논리죠. 하지만 아이의 입장은 다릅니다. 칭찬보다 늘 단점만 지적받다 보면 아이는 자신의 가치에 대해 의심을 하게 되고 심지어 자신이 무능력하다는 생각으로까지 발전할 수도 있다는 것입니다.

그렇다고 언제 어디서나 아이를 칭찬해야 한다는 얘기는 아닙니다. 사실 이 점에서 부모들은 '칭찬'과 '수용'의 차이를 구분할 수 있어야 합니다. '칭찬'은 부모나 누군가의 기대를 충족시켜 줄 만한 성취를 이뤘을 때 그 대가로서 아이에게 주어지는 애정의 표현이라고 볼 수 있습니다. 한편 '수용acceptance'이란 아이의 성취 여부와 관계없이 존재 그 자체를 가치 있게 여긴다는 의미라고 할 수 있죠. 즉 아이에게 자신이 얼마나 대단하고 소중한 존재인지를 알려 주는 애정의 표현이 '수용'인 것입니다.

칭찬은 아이가 한 것이 어른의 기대에 부응했을 때 이루어지는 데 반해 수용은 오직 아이 그 자체만의 가치로 이루어집니다. 결과가 성공적이든 실패든 상관없이 말이죠. 이것이 칭찬과 수용의 차이입니다.

칭찬을 자주 받는 아이라 할지라도 부모가 조건 없이 수용해 주지 않는다면, 아이는 결국 '자기가 원하는 것보다는 다른 사람들이 원하는 것을 했을 경우에만 인정받는다'고 오해하게 될 것입니다. 따라서 아무리 자주 칭찬을 해주더라도, 크든 작든 아이가 해낸 성취 결과에 대한 칭찬만을 계속한다면 오직 다른 사람들의 기대에 부응하는 것만이 자신의 가치를 인정받는 길이라는 판단을 낳게 되겠죠. 아이는 부모의 수용적인 태도를 통해 존재만으로도 충분히 사랑받을 가치가 있다는 느낌을 받아야 합니다. 그렇지 못하면 일을 수행하는 '자신'이 아닌 무언가를 '성취'하는 것만이 더 낫다는 '결과중심적인 사고'로 굳어질 수도 있기 때문입니다.

    부모들은 자신들이 원하는 바를 아이가 성취하도록 하기 위한 수단으로써 칭찬을 자주 사용하곤 합니다. 이때 칭찬과 함께 '수용의 표현'도 함께 해준다면 아이는 자신의 행동에 대한 보상과 동시에 스스로 가치 있는 존재라는 인식 또한 갖게 될 것입니다. 그렇게 해서 자신감을 키우게 되겠지요. 비교적 어려운 과제가 주어진다 해도 자신이 유능하다고 느끼는 아이들은 그렇지 않은 아이들에 비해 쉽게 포기하지 않고 계속 시도하게 됩니다.

    어렵고 힘든 상황에 직면했을 때 피하지 않고 당당하게 맞서 보고, 성공과 실패를 되풀이해 가는 과정 속에서 아이들은 무엇을 해야 할지 스스로 판단하며 조금씩 앞으로 나아갑니다. 이것이 곧 성장입니다. 여기서 가장 중요한 것은 '당당하게 맞서는 것', 바로 자신감이겠죠. 자신감은 보다 능동적으로 상호작용에 참여하고, 세상에 관심을 가지게 할 뿐만 아니라 도전과 난관에 부딪혔을 때 포기하지 않게 하는 진정한 힘인 것입니다.

    그렇다면 부모는 어떻게 아이와 신뢰로운 관계를 만들 수 있을까요?

부모
노트

놀이 상대자로서 행동하기

What 무슨 뜻인가요?

부모는 '가르침'이 아닌 '놀이' 상대가 되어야 한다는 뜻입니다. 아이가 존중받고 있다는 사실을 느끼게 해주세요. 아이에게 부족한 부분을 채워 줄 궁리만 했지 아이를 있는 그대로 이해하려는 시도는 없죠. 놀이를 좋아하는 아이라면 엄마는 놀이를 통해 무언가를 더 가르치고 싶어 합니다. 하지만 아이 입장에서는 오히려 엄마가 방해꾼으로 느껴집니다. 아이에게는 가르치는 사람이 아닌 놀이 친구가 필요하기 때문입니다. 부모가 놀이 친구가 된다고 해서 아이가 어른을 존중하는 법을 배우지 못하는 것은 아닙니다. 오히려 부모와 아이가 함께 즐겁게 놀며 신뢰를 쌓으면 아이는 따뜻하고 안정적인 정서를 발달시키게 됩니다.

How 어떻게 할까요?

◆ 학습이나 인지를 위한 과제를 가르치기보다는 그저 아이가 재미있어하는 것을 함께 즐겨 보세요.
◆ 부모가 놀이 상대자로 행동할수록 아이는 더 오랫동안 활동에 참여하는 것을 확인할 수 있습니다.

Chapter 4
나는 반응적인 부모일까?

'반응'이란 무조건적인 허용을 뜻하는 것이 아닙니다. 아이가 후에 사회에서 적응할 수 있도록 규칙을 갖고 아이의 발달과 능력 수준에 맞는 제한을 둔 뒤 그 안에서 자유롭게 아이를 지지해야 합니다. 이러한 제한이 없다면 아이는 오히려 불안정해집니다. 어린아이들에게 최고의 선생님은 부모이며 최고의 학습은 일상생활 속에서 이루어진다는 것을 잊지 말아야 합니다.

12
자신을 반응적이라고
착각하는 부모들

아이가 무언가를 할 때마다 가까이 다가가, "그렇게 하는 거 아닌데?", "이렇게 하는 거야"라는 말로 아이의 행동을 일일이 감독하는 부모가 있는가 하면, '얘가 왜 이렇게 했을까?' 하고 아이의 의도를 알고자 노력하며 기다려 주는 부모가 있습니다. 후자의 경우에는 아이가 설령 잘못된 행동을 하거나 연령에 비해 적절하지 않은 태도를 취하더라도 부모 입장에서 쉽게 판단하기보다는 그때그때 적응적으로 아이의 행동을 의미 있게 수용하려고 합니다. 이런 부모의 유형을 '반응적으로 상호작용하는 부모'라고 합니다.

반응적인 부모는 현재 아이의 발달 수준과 타고난 기질, 그리고 현재의 감정 상태 등을 두루 관찰하고 거기에 맞게 적응적으로 대합니다. 또한 부모의 흥미나 기대, 혹은 예정된 목표에 따라 아이를 이끌기보다는 아이 스스로 주도하는 활동을 격려하고 지지합니다. 상호작용의 초점과 주제 역시 아이 스스로 선택하여 이끌어 가도록 격려해 주죠. 그리고 이러한 상호작용 방식은 대부분 아이다운 방법, 즉 놀이와 함께 이루어집니다.

이렇게 일상 속의 짧은 생활 에피소드에서 자녀와 반응적으로 상호작용을 하는 것은 아이의 성장 발달에 매우 중요한 영향을 미칩니다. 말과 행동은 물론 기본적인 학습능력을 향상시키고, 부모와 신뢰 관계를 쌓아 가며 궁극적으로 아이에게 'Yes'로 반응할 줄 아는 긍정적인 정서를 지닐 수 있도록 하려면 무엇보다 부모가 반응적으로 상호작용할 수 있어야 합니다.

하지만 이러한 반응적인 부모의 특성에 대해 어떤 부모들은 '아이가 하는 모든 행동을 무조건 참고 허용하는 것'으로 오해하기도 합니다. 이것은 '반응적인 부모'와 '허용적인 부모 유형'을 혼동한 데에서 비롯된 것이죠. 둘 사이에는 큰 차이가 있습니다. '반응'이란 결코 '무조건적인 허용'을 뜻하는 것이 아닙니다.

허용적인 부모가 반응적인 부모일까?

발달심리학자인 바움린드 D. Baumrind는 자녀 양육에 대한 부모의 유형을 크게 세 가지로 나누어 설명한 바 있습니다.

첫 번째, 허용적인 부모permissive parent는 아이의 판단이나 제안에 대해 어떤 제지도 하지 않고 무조건 따라 줍니다.

두 번째, 권위주의적인 부모authoritative parent는 아이의 의견이나 처지를 인정하지 않고, 부모의 생각대로만 아이를 일방적으로 이끕니다.

세 번째, 권위 있는 부모authoritarian parent는 양육에 대해 확고한 신념이 있으며, 아이의 의사를 존중하고 따라 주지만, '이것만은 꼭 지켜야 한다'는 원칙이 있습니다. 그러나 부모의 원칙에 의해 아이의 행동을 제한할 때에도 일방적인 주장이 아니라 아이의 발달 수준에 적합한 것인지 살펴 가며 진행해 갑니다.

바움린드는 연구를 통해 세 번째, 즉 권위 있는 부모의 유형을 가장 바람직하다고 설명하면서 이러한 부모 밑에서 자란 아이들이 가장 성공적으로 성장한다고 보고하고 있습니다. 즉 아이에게 어떤 규칙이나 제한을 확고히 설정하는 것이 오히려 아동 발달에 도움이 된다는 것이죠.

'권위 있는 부모'의 경우, 반응적인 부모와 유사한 관점으로 이해할 수 있습니다. 반응적인 부모는 먼저 관찰을 통해 아이의 관심과 흥미를 파악합니다. 그리고 아이가 최대한 집중하고 적응할 수 있는 한계 안에서 스스로 능력을 발휘할 수 있도록 환경을 조성해 줍니다. 이것은 앞서 소개한 컬링 경기와 같습니다. 선수의 손을 떠난 컬링 스톤이 목표점을 향해 스스로 미끄러져 갈 수 있도록 길을 닦아 주는 것, 그것이 부모의 역할입니다.

아이들은 어떤 규칙도 없이 자유롭게 '네가 알아서 하라'는 식으로 내버려 둘 때 오히려 불안을 느낍니다. 가령 놀이터에서부터 성인용 게임에 이르기까지 아무런 제한 없이 주어진 무수히 많은 '자유 선택' 앞에서 아이들은 무력감에 빠지기 쉽죠. 자발적인 선택을 중요시 하되 먼저 아이의 발달 수준에 적합한 환경을 조성해 주는 것이 필요하다는 것입니다.

아이는 자신에게 적합한 울타리가 있을 때 그 범위 안에서 안정감과 자신감을 느낄 수 있습니다. 그러나 최근의 교육 행태를 보면 너무 자유롭게, 과도하게 허용하는 것이 아닌지 염려됩니다.

"아이를 타이르거나 가로막으면 위축되지 않을까요?"

"행동이나 사고의 폭에 제한을 주면 아이의 상상력이 어떻게 클 수 있나요?"

이렇듯 아이의 행동을 제재하거나 규칙을 만들어 제한하는 것이 상상력과 자신감을 해친다는 것은 오해입니다. 규칙은 오히려 아이에게 안정감을 줍니다.

예를 들어 아이가 밖에서 친구들에게 침을 뱉는다면 이것은 사회적으로 바람직하지 않기 때문에 분명히 제재를 해야 합니다. 이러한 부적응 행동을 하면 안 된다는 규칙을 깨닫도록 해야만 아이가 사회에 잘 적응할 수 있기 때문이죠. 이 경우, '침을 뱉고 싶다'는 아이의 생각까지는 막을 수 없을 것입니다. 즉 규칙은 '생각을 제한하는 것이 아니라 그렇게 해서는 안 된다'는 사회적 관계를 배우게 하는 것이죠.

우리는 사회 안에서 살아갑니다. 무인도에서 혼자 살지 않는 이상 우리는 사회 속에서 사회인으로 살아가야 합니다. 사회란 두 사람 이상이 함께 관계를 형성한다는 의미가 포함되어 있습니다. 그러니 아이들 역시 사회가 만든 규칙과 방식을 배워야 할 것입니다.

아이에게는 적합한 울타리가 필요하다

여섯 살 된 남자아이가 엄마와 함께 상담실을 방문한 적이 있습니다. 처음 만났을 때 엄마는 아이의 의견을 존중하고 아이가 흥미로워하는 것에 초점을 맞추어 대화하는 등 매우 반응적인 모습을 보여 주었고, 아이 역시 엄마에게 아주 협조적이었습니다. 엄마는 평소 자녀 양육에 대해서도 꾸준히 공부해 가며 아이의 능력을 높여 주기 위해 누구보다 많이 노력하는 편이었습니다. 초기부터 아이에게 자신감을 키워 주고 늘 아이 입장에 서서 인정하고 존중해 주는 양육이 중요하다는 것도 잘 알고 있었죠. 하지만 엄마의 말에 의하면 아이가 유치원 친구들과 잘 어울리지 못하고 혼자 외톨이처럼 지낸다는 것이었습니다.

엄마와 아이를 좀 더 자세히 관찰해 본 결과, 자녀양육에 대한 철학은 훌륭했지만 엄마가 한 가지 잘못 이해한 것이 있었습니다. 발달에 적합한 한계선을 만들어 주지 않은 채 그저 아이의 의견만을 존중하는 것이었죠. 아이가 지금은 공부하고 싶지 않다면 "그래, 네가 선택했으니 강요하지 않을게"라며 아이의 선택을 인정해 주었고, 실내에서 공놀이를 하다 유리병을 깨뜨리면 "왜 실내에서 놀고 싶었니?"라고 질문하며 아이의 말을 정성껏 경청하는 것이었습니다.

3세 미만 어린아이들은 쾌락 중심의 욕구를 가지고 있기 때문에 하고 싶은 대로 하는 것에 익숙합니다. 이때 부모가 이렇게 자신의 욕구를 무조건 받아 준다면 당연히 자신을 이해해 주는 부모와 좋은 관계를 유지할 수 있었겠죠. 하지만 아이가 유치원에 다니고 서서히 유아기로 성숙하면서 심리적으로 '자아'를 형성해 나가는 시기가 되면서부터 문제가 나타납니다. 자기에게 주어진 수많은 상황 앞에서 아이는 자신의 행동이 도덕적으로 옳은 것인지 아닌지를 판단해야 합니다. 이전까지 즐거운 것과 사회적으로 해서는 안 되는 것 사이에 정해진 규칙이 없었던 아이로서는 스스로 고민하고 결정해야 하는 부담이 실로 만만치 않을 것입니다. 집에서는 이것이 별 문제가 되지 않지만, 유치원이라는 사회에서는 그렇지 않습니다. 유치원에서조차 집에서 했던 것처럼 자기가 좋아하는 대로만 선택하다 보니 친구들이 이상하게 볼 수밖에 없겠죠.

결국 이 아이는 '너희들이나 그렇게 해, 나는 혼자 놀 거야'라고 선택함으로써 스스로 사회관계로부터 회피하기 시작한 것입니다. 이런 태도는 학습에도 영향을 미쳤습니다. 집에서는 수학 문제를 풀 때도 "엄마 이제 그만 할래요, 더 풀고 싶지 않아요"라고 말하면 엄마가 "그래 알았어"라고 인정해 주었습니다. 아이의 의사를 존중해 준다는 측면에서는 바람직한 태도일 수도 있겠지만 현재 발달 수준에서 아이에게 가능한 공부의 지속 시간과 학업 수준을 간과한 것이 문제입니다. 충분히 더 해낼 수 있는 능력이 있는데도 그때그때 기분에 따라 그만둬 버리곤 한 것입니다. 엄마의 이런 태도에 익숙해져 있는 아이가 유치원에서 또래 수준의 과제를 받았을 때도 같은 식으로 행동하다 보니 친구들은 물론 선생님도 의아한 반응을 보일 수밖에 없겠죠.

아이의 생각과 행동을 존중해 주는 것은 중요합니다. 그러나 사회관계를 배워가는 과정에서는 일종의 교육적 지침으로서 적합한 제한과 규칙도 필요합니다. 그렇지 않을 때 아이는 자신의 충동과 부정적인 감정에 대해 어떻게 대처해야 할지 알 수 없어 스스로 고립을 자초하게 될 수도 있습니다. 그렇다면 이런 경우에 반응적인 부모는 어떻게 할까요?

아이가 해야 할 것에 대해 먼저 아이와 대화를 하여 약속을 정해 놓습니다. 이때 엄마는 누구보다 아이에게 필요한 것, 아이가 좋아하는 것을 잘 알 것입니다. 예를 들면 아이가 학습지를 매일 풀어야 하고, 또

바이올린 연습도 해야 합니다. 물론 부모의 일방적인 선택이 되어서는 안 되겠지요. 아이가 충분히 이것이 자신한테 왜 필요한지 이해했고 또 할 만한 동기 부여가 되었다면, 언제 얼마큼씩 연습할 것인지를 타협하여 정합니다. 이때 엄마는 아이의 능력 수준에 맞게 제한하고 그것을 아이가 수용할 수 있을 때 규칙은 성립될 것입니다. 그리고 만일 아이가 마음대로 어느 날은 아무것도 하지 않으려 하고, 어느 날은 마냥 놀고만 싶어 한다면 서로 합의한 약속을 엄마가 조심스럽게 제안할 수 있겠지요.

이때 규칙은 어떤 수행을 하기 전에 먼저 만들어지는 것이 더 효과적입니다. 그래서 아이가 "오늘은 하고 싶지 않아요"라고 말한다면, "하루에 3장은 할 수 있다고 네가 엄마와 약속했었지. 그러니 조금 힘들어도 해보자. 그리고 정말 어렵다면 엄마와 다시 의논해서 줄여 보자"라고 반응해 줄 수 있겠지요.

이렇게 아이가 사회관계 속에서 필요한 규칙과 새로운 질서에 자신을 맞춰 가며 적응해 가는 것은 아이뿐 아니라 부모에게도 도움이 됩니다. 부모가 아무리 인내심이 있다 해도 언제까지나 아이의 부정적인 행동을 참아 내기는 어렵습니다. 언젠가는 부모 역시 일관성을 잃고 아이에게 짜증을 내거나 흥분할 수 있다는 점을 고려한다면, 사회는 물론 가정에서도 지켜야 할 규칙과 질서가 있다는 사실을 일찍부터 배워 나가야 할 필요가 있는 것이죠.

반응적인 부모는 아동중심적인 상호작용을 합니다. 그러나 무조건 아이를 받아 주고 아이의 행동을 무한정 허용하는 것과는 다른 이야기입니다. 규칙을 갖고 아이의 발달과 능력 수준에 맞는 제한을 둔 뒤 그 안에서 자유롭게 아이를 지지하는 것이 필요합니다. 이러한 제한이 없을 때 아이는 오히려 불안정해져서 다른 심리적 문제를 가져올 수 있기 때문입니다.

애정적이면 반응적인 부모일까?

반응적인 부모는 따뜻하고 온정적으로 아이와 상호작용합니다. 이 점에 대해서 '나는 이미 아이에 대해 애정적이야'라며 자신을 반응적인 부모로 규정할 수도 있을 겁니다. 하지만 애정적인 부모가 꼭 반응적인 부모라고 단정 지을 수는 없습니다.

물론 자녀를 사랑하지 않는다고 말하는 부모는 없습니다. 아이에게 매를 들 때나 혼을 낼 때에도 부모의 마음속에는 자녀에 대한 사랑이 들어 있습니다. 그러나 아이들은 부모의 표현되지 않은 속뜻까지 이해하지는 못합니다. 부모가 보여 주는 표현과 행동 자체만을 이해할 뿐이죠. 따라서 부모는 자신의 의도를 아이에게 제대로 표현할 수 있어야 합니다.

우리는 아이들에게 "잘했어!"라고 흔쾌히 인정해 주기보다는 속으로 생각하고 표현하지 않거나 표현을 하더라도 "그렇구나" 정도의 미지근한 반응에 그치는 경우가 대부분입니다. 그러면서도 속으로는 대견해하곤 하죠. 하지만 아이들은 그 속을 알 수 없습니다. 아이의 수행 결과에 대해 그 어떤 것이든 격려의 뜻을 직접 표현하는 것이 중요합니다. 열 길 물속은 알아도 한 길 사람 속은 모른다는 속담을 생각했을 때, 어린아이에게 겉으로는 매를 들고 매번 어려운 일만 시키면서 엄마의 숨겨진 깊은 사랑을 알아 주기를 기대한다는 것은 너무 지나친 소망이 아닐까?

어린아이에게는 아직 상대의 숨겨진 마음을 이해하는 능력이 부족합니다. 따라서 엄마가 먼저 아이가 이해할 수 있는 수준으로 표현해 주는 것이 필요합니다. 아이가 한 것에 대해서 칭찬하고 격려해 주어야 합니다. 단, 아이의 수행 결과에 대한 평가적 의미로만 칭찬이 사용되어서는 안 될 것입니다. 때로 아이가 완전한 결과를 내지 못하더라도 그것을 수행하는 아이 자체에 대한 긍정적인 수용이 중요합니다.

아이는 지시하는
부모를 좋아하지 않는다
―

부모가 부드럽고 따뜻한 말투로 대화할 때 우리는 '애정적이다'라고 생각하곤 합니다. 하지만 그렇게 자상한 목소리일지라도 언제나 부모가 주도해 가며 아이에게 끝없이 무엇을 지시하고 요구한다면 아이는 자신이 온전한 존재로서 인정받고 있다는 느낌을 받을 수 없을 겁니다.

가령 아주 다정하고 친절한 목소리로 아이에게 "우리 책 읽어 볼까?", "저기 의자 가져와서 옆에 앉을래?", "내가 먼저 읽을게, 네가 두 줄 읽어"라고 말한다면 이것은 진정한 상호작용이라 볼 수 없을 겁니다. 엄마는 계속해서 지시하고 아이가 자신의 행동에 대해 미처 생각해 보기도 전에 다음 행동을 제안하고 있죠.

물론 재미있게 말해 주는 엄마를 아이들은 좋아합니다. 하지만 계속해서 이런 식으로 아이의 의지는 완전히 무시한 채 부모의 주도로만 활동을 이끈다면 아이들은 오래 머물지 못합니다. 이런 경우 부모는 비록 온화한 태도를 지니긴 했지만 '지시적인 부모'의 유형에서 벗어날 수는 없겠죠.

지시적인 부모는 반응적인 부모와는 반대로 요구, 지시, 암시 등 여러 방법을 통해 아이가 부모의 의도대로 움직여 주기를 기대합니다. 또한 아이가 다음에 어떤 행동을 해야 하는지 미리 제안하고 요구하기도 하죠. 사소한 것조차 일일이 간섭하고 심지어 억지로 팔을 잡아끄는 등 물리적인 방법을 동원할 때도 있습니다.

부모의 지시성은 아이와의 관계 형성은 물론 아이들의 인지, 언어

능력을 촉진하는 데 가장 위험한 요소입니다. 부모의 실제 능력과는 상관없이 현재 아이들의 눈에는 부모란 매우 유능한 존재이고 대단한 실력자일 수밖에 없습니다. 그런 부모가 능숙하게 시범을 보인 뒤 아이에게 지시한다면 당연히 위축되겠죠. 그렇게 자신감을 짓누른 상태에서 마구 부추겨 결국 아이가 얼추 비슷한 수준의 결과를 보였을 때, "그래, 이거야! 너도 할 수 있잖아!", "그렇게 하는 거야!"라고 칭찬한다고 해서 아이에게 제대로 칭찬과 격려를 해주었다고 생각한다면 큰 오산입니다. 왜냐하면 이미 타이밍이 적절치 않았기 때문입니다.

먼저 아이가 스스로 자신의 능력을 마음껏 펼치고, 엄마가 거기에 맞추어 반응해 줄 때 아이는 비로소 자신감을 얻을 수 있습니다. '나도 엄마만큼 할 수 있구나!'라는 자신감이 생길 때 아이는 이후에도 창피나 두려움 없이 자신이 가진 능력을 마음껏 꺼내 놓음으로써 반복적으로 도전해 가며 많은 것을 실행해 나갈 수 있을 겁니다.

반응적인 부모는 절대로 훈계하지 않을까?

어떠한 경우에도 아이를 혼내지 않고 늘 인내하는 자세로 아이의 행동을 참고 견디는 것은 결코 반응적인 부모의 태도가 아닙니다. 반응적인 부모는 언제나 아이의 관심과 흥미에 우선순위를 두고 아동 주도적인 상호작용을 하지만 '이것만은 꼭 지켜야 해'라는 원칙과 아이의 현재 발달 수준에 적합한 제한을 둡니다. 즉, 반응적인 부모는 아이에게 훈계를 한다는 것이죠.

물론 여기에는 몇 가지 조건이 있습니다. 첫째, 반응적인 부모는 훈계하기 전에 아이의 발달 수준을 고려하여 훈계가 필요한 행동 범위를 정합니다. 아이의 안전과 건강을 위해 매우 중요하거나 가족의 중심 가치를 유지하는 데 해가 될 때, 혹은 사회적 규칙에서 벗어나는 행동에 대해서는 분명히 훈계합니다.

가령 새로운 장소를 여행할 때 아이가 혼자서 멀리 달아나는 것, 아이가 뜨거운 불에 손을 갖다 대는 것 등 안전을 해치는 행동에 대해서는 엄하게 훈계해야 합니다. 또한 아이가 비록 놀이 중이더라도 부모의 뺨을 때리는 것과 같이 가족의 가치나 사회적 규칙에서 벗어나는 행동은 안 된다는 사실을 알도록 해줄 필요가 있습니다. 이때 설정한 제한은 절대적으로 부모의 일방적 조건이 아닌 아동의 현재 발달적 수준을 고려하여 그에 합당하게 정해진 것이어야 합니다.

둘째, 반응적인 부모는 아이가 규칙이나 제한을 위반한 경우 그 즉시 훈계합니다. 가령 '지금은 급하니까 이따 얘기하자. 너 오늘 정말 혼날 줄 알아!', '아빠 오면 보자'는 식으로 나중에 혼내겠다며 훈계를 미루거나 위협하는 것은 좋지 않습니다. 그리고 훈계를 할 때는 아이가 왜 혼나야 하는지 이유를 분명히 인식하여야 하고, 지금 훈계받고 있다는 것을 구분할 만큼 엄하게 훈계하되 신체적으로나 심리적으로 해를 입을 만큼 심하게 해서는 안 됩니다. 매를 사용하거나 '그럼 그렇지, 네 녀석이 뭘 한다고'라는 식의 신체적, 정서적 상처가 되는 훈계는 아이와의 관계를 해칠 뿐이므로 삼가는 것이 바람직합니다.

<u>셋째, 반응적인 부모는 훈계한 뒤 반드시 아이를 달래 줍니다.</u> 어떤 학자들은 이것이 아이를 버릇없게 만드는 방법이라며, 아이를 훈계한 뒤 30분 이내에는 아무것도 강화하지 말라고 조언하기도 합니다. 하지만 여기서 강조하고 싶은 것은 훈계로 인하여 자녀와의 관계를 손상시키는 일은 없어야 한다는 것입니다. 반응적인 부모는 훈계 직후 사랑과 애정의 표현을 통해 아이를 위로하고 다시 용기를 줍니다. 그리고 아이를 혼낸 것이 결코 아이가 미워서가 아니라 단지 '특정 행동'만을 지적한 행위였음을 인식하게 해줍니다.

가장 좋은 방법은 훈계한 뒤 조금 진정되었을 때 아이를 안아 주는 것입니다. 이때 말을 많이 하지 않는 것이 더 좋습니다. 그저 아무 말 없이 아이를 끌어안아 주는 것만으로도 충분히 위로를 줄 수 있습니다. 지난 일을 끄집어내서 "다신 안 그럴 거지?"라며 확인하는 말을 하지 않도록 주의해야 합니다. 경우에 따라서는 몇 마디 말보다 그저 다정한 포옹이 더욱 효과적일 수 있습니다.

훈계는 신뢰 관계에서만 효력이 있다

초등학교 1학년인 민영이는 방학하면서부터 매일 12시나 되어야 일어납니다. 그것도 엄마가 깨워야만 겨우 일어날 정도죠. 아빠는 참다못해 아이를 불러 놓고 야단을 쳤습니다. "아무리 방학이라도 규칙적인 생활을 해야지! 평소처럼 제 시간에 일어나서 책도 보고 그러면 얼마나 좋아?"

진심 어린 훈계인 데다가 아이가 할 수 없을 정도로 힘든 요구도 아니었습니다. 하지만 그날 저녁, 민영이가 엄마에게 다가와 심각한 표정을 지으며 이렇게 말했습니다.

"엄마, 아빠는 날 미워하나 봐."

이 말을 전해들은 아빠는 깜짝 놀랐죠. 귀엽고 사랑스러운 딸을 미워할 리가 없을 테니까요. 그저 딸이 게으른 습관을 가질까 봐 걱정스러워서 부지런한 습성을 가르치고 싶었을 뿐인데 그런 오해를 받으니 서운하기도 했을 겁니다.

하지만 이것이 훈계에 대한 아이들의 일반적인 반응입니다. 아이는 '좋은 습관을 가지라'는 부모의 진심과는 달리 부모가 자신을 인정하지 않고 그저 미워하기 때문에 혼낸다는 식의 감정적 판단을 합니다. 만일 아빠가 혼을 낸 뒤 아이가 받았을 마음의 상처를 위로해 주었다면 아이는 이렇게까지 '인정받지 못했다'는 생각을 하지 않았겠죠. 이렇듯 훈계는 오로지 아이가 했던 행동에 대한 것일 뿐 아이 자체에 대한 판단이 아니라는 것을 알게 해주어야 합니다.

아이들은 성장 과정에서 때로 위험하고 부적응적인 행동을 배우기도 합니다. 그러한 행동을 멈추게 하고, 이후에도 같은 행동을 반복하지 않도록 가르치기 위해서 훈계는 반드시 필요하죠. 이때 무엇을, 왜 잘못했는지에 대해 자상하게 이야기해 주고 자녀가 느끼는 불안과 분노에 대해 공감해 주거나 때로 단호하게 경고하는 등의 온화한 훈육기법이 문제를 해결하는 데 효과적일 수 있습니다. 하지만 이러한 온화한 훈육만으로는 불충분할 때도 있습니다.

예를 들어 아이가 도로로 뛰어들 때 부모는 당장 아이를 붙잡아야 하고, 다시는 그러지 못하게 단단히 훈육해야 합니다. 때로는 악의가 없으면서도 아이가 누군가를 때리거나 뭔가를 집어던지는 등 다소 공격적인 행동을 할 수도 있습니다. 이때도 역시 아이가 훈계라고 느낄 수 있을 만큼 단호하고 따끔한 언어적 충고와 함께 즉각적으로 훈육해야 하는 것은 당연한 일입니다. 아무리 화가 난다 해도 결코 넘어설 수 없는 어떤 경계선이 있다는 것을 반드시 배울 필요가 있기 때문이죠.

이때 무엇보다 중요한 것은 부모와 자녀 간에 강한 신뢰적 관계가 맺어져 있어야 한다는 것입니다. 아이가 잘못했을 때 벌을 준 적이 있을 겁니다. 그리고 그 순간 아이가 잘못된 행동을 멈춘다면 '벌'이라는 수단이 효과 있다고 생각했을지도 모릅니다. 훈육의 효과는 부모가 아이의 부적합한 행동을 금지하는 행위(예를 들어 벌 주기)에 달려 있는 것이 아니라 자녀와 맺은 신뢰 관계에 따라 좌우됩니다. 아이가 평소 자신이 신뢰하고 애착을 가진 사람에게 훈계받았을 때 훨씬 효과적이라는 뜻이죠.

간혹 어린아이들은 단지 엄마나 다른 어른들의 말에 반발하기와 같은 그릇된 행동을 할 때도 있습니다. 그런데 이러한 행동의 일차적인 동기는 오히려 자신이 신뢰하는 어른을 기쁘게 해주고 싶은 소망에 있다고 봐도 틀리지 않습니다. 따라서 만일 아이를 훈육하는 상황에서 부모의 말이 효과적으로 받아들여지지 않는다면, 먼저 자녀로부터 존경을 일으킬 만한 관계를 형성했는지 생각해 봐야 합니다. 다시 말해 자녀와의 신뢰 관계를 재검토해 봐야 한다는 뜻이죠.

결국 훈육의 효과는 '아이와 신뢰 관계를 형성했는가?'로 가늠할 수 있습니다. 반응적인 부모는 신뢰 관계를 형성함으로써 아이의 부적합한 행동을 잘 통제할 수 있게 될 것입니다.

13
과거의 편견을
버리지 못하는 부모들

지금까지 살펴보았듯이 '반응적인 부모'라는 개념에 대한 여러 가지 오해들이 있습니다. 그래서 아이에게 반응하려고 노력하는 부모일지라도 그 차이점을 명확히 알고 구분해서 실천하지 않으면, 아이의 발달을 오히려 저해하는 잘못된 반응을 하기 쉽습니다.

그런데 한편으로는 아이에게는 '가르침'이 더 중요하다고 확신하며 아이를 부모가 먼저 이끌지 않는 데 대한 불안감을 느끼는 부모들도 많이 있습니다. 여전히 부모의 역할을 과소평가하고 우리 아이만 뒤처질까 전전긍긍하며 사교육으로 아이들을 내몹니다. 더욱 심각한 것은 '교육'이란 따로 시간을 내어 전문가와 함께해야만 하는 것으로 오해하고 많은 부모들이 일상 속에서 아이와 성공적인 관계를 맺을 수 있는 순간들은 모두 놓치고 있다는 사실입니다.

선행학습은
아이의 능력을 향상시킬까?

어떤 분야든 전문적인 능력을 쌓는 과정에서 가장 기본이 되는 것은 그에 대한 지식을 잘 기억하는 것입니다. 기억이란 '우리의 감각기관을 통해 들어온 외부의 정보들이 단기기억과 장기기억으로 나뉘어 뇌에 저장되는' 일련의 절차를 통해 이루어집니다. 또한 기억은 수동적으로 정보를 복사하는 것이 아니라 인간의 능동적인 처리의 결과로 이루어지는 것이죠.

어떤 지식이나 정보를 학습했다는 것은 배운 것을 잊지 않고 장기적으로 저장하여 필요할 때 즉각적으로 꺼내어 응용할 수 있다는 뜻입니다. 그런 의미에서 아이들이 아무리 열심히 공부한다 해도 정작 필요한 상황에서 그 정보를 기억하지 못하고 제대로 적용할 수 없다면 학습이 이루어졌다고 말하기 어려울 것입니다.

그렇다면 우리가 접한 정보를 잊지 않고 오랫동안 기억하려면 어떻게 할까요? 당연한 말이지만 우리 뇌에 있는 '장기기억 창고'에 저장해 두는 것이 정답이겠죠. 앞서 말했듯이 외부의 정보는 감각기관을 통해 단기기억과 장기기억으로 이어지는 과정을 거치게 됩니다. 지금 이 순간에도 시각, 후각, 미각, 청각, 촉각 등 우리의 감각기관들을 자극하는 정보들은 수없이 많습니다. 하지만 그 모든 자극을 오랫동안 전부 기억할 수는 없죠. 실제로 우리의 감각기관에 들어오는 자극들이 뇌에 머무는 시간은 약 0.25~2초 정도에 불과합니다.

잠시 지하철에 앉아 있는 상상을 해보세요. 레일을 달리는 바퀴 소리와 경적, 옆 사람이 통화하는 소리들, 각종 소음과 지하철 벽면에 붙어 있는 광고문구들, 어디선가 풍겨 오는 냄새 등 여러 자극들이 우리의 감각기관을 동시에 자극합니다. 이들 중 특히 강한 자극(예를 들어 냄새)이 있다면 그쪽으로 주의가 좀 더 집중되고 코가 씰룩씰룩할 것입니다. 이것은 바로 그 냄새에 우리의 관심과 흥미가 쏠려 있다는 증거입니다. 마침 배가 몹시 고픈 경우라면 어디선가 솔솔 풍기는 빵 냄새에 더 집중하게 될 것이고, 눈을 들어 냄새의 근원지를 찾아보게 되며, 어떤 종류의 빵인지, 어디서 산 것인지에 관심을 기울여 유심히 보게 될 것입니다. 몇 초도 되지 않는 시간 동안 이 사람에게 주어진 수많은 정보들 중에서도 빵에 대한 기억이 가장 특별하게 남을 거라는 것은 당연한 일이죠.

이렇듯 정보와 기억 사이에는 '허기를 자극하는 빵' 같은 흥미 요소가 작용하고 있습니다. 흥미란 여러 자극 속에서 우리의 특별한 주의를 끌게 하고, 결국 해당 정보를 단기적으로 기억하게 만드는 촉진제 역할을 합니다. 그래서 나중에 꼭 사먹어야지, 하고 빵 봉투에 적힌 전화번호와 상호를 유심히 쳐다봅니다. 하지만 그 순간에는 온전히 기억하는 듯 했어도 막상 집에 가면 전혀 기억이 나지 않는 경우가 대부분입니다. 아주 잠깐 동안 주의를 집중하여 얻은 정보가 우리 뇌에 머무는 시간은 30초 정도에 불과하기 때문입니다. 그래서 우리는 이러한 정보를 반복하거나 또는 나름대로 의미 있는 단어와 연결하여 좀 더 오래 기억하려고 합니다. 예컨대 초등학교 학생이 구구단을 외울 때처럼 단순하게 반복하는 방법과 새로운 전화번호를 외울 때 생일이나 주민등록번호 등 의미 있는 번호와 연결하여 외우기도 하죠.

이처럼 주어진 정보를 단순히 외우기보다는 반복이나 의미 부여 등의 수단을 사용한다면 좀 더 오랫동안 기억을 유지할 수 있습니다. 사실 아이들이 학습하는 것을 잘 기억하거나 어떤 테스트에서 효과적으로 기억해 내도록 하는 전략들 역시 이와 다르지 않습니다.

아이가 어떤 것을 제대로 학습하기 위해서는 주어진 자극에 주의를 집중해야 하고 그것을 반복적으로 실행해 봐야 합니다. 홍수처럼 쏟아지는 수많은 자극 중에서 아이들이 주의를 집중하는 것은 바로 자신의 흥미와 관련이 있을 때입니다. 그리고 자신의 흥미와 관련된 것을 선택했을 때 아이는 그것을 좀 더 자주 접할 것이고 자연스런 반복을 통해 결국 숙련의 과정을 거치게 될 것입니다. 숙련이란 그것이 내 몸에 붙어서 자연스럽게, 그리고 자신 있게 그 정보를 적용할 수 있게 되는 것을 말합니다.

그렇기 때문에 아이에게 어렵고 자신의 관심에서 벗어난 것을 어른이 선택하여 반복하게 한다고 해도 숙련은 기대한 만큼 이루어지지 않을 겁니다. 필요에 의한 기억은 흥미에 의한 기억보다 효과가 적기 때문이죠. 가장 우선적으로 아이 스스로 흥미를 느끼는 것이 중요합니다. 아이는 흥미를 느끼면 즉각 다가갑니다. 자신의 주의를 그곳에 집중하고 능동적으로 참여하는 그 순간이 바로 '학습의 시작'이라 할 수 있습니다.

부모나 교사가 필요하다고 여기는 것이 아닌, 아이가 관심이 있고 능동적으로 참여하는 것이 학습의 시작점이 되어야 합니다. 또한 아이는 자신이 능동적으로 참여한 상황에서는 시키지 않아도 자발적으로 오래 머무르며 그 행동을 반복하게 될 것입니다. 반복은 곧 그 행동을 숙련되게 만들며 인지학습의 성취를 가져오게 됩니다.

시간이 없어서 아이와 잘 놀아 주지 못한다?

부모가 아동 발달에 중요한 영향을 미친다는 주장에 대해 많은 부모들은 아이와 함께할 시간이 많지 않다며 걱정합니다. 하지만 '얼마나'보다는 '어떻게' 상호작용해 주는가를 생각해 봐야 할 것입니다.

영·유아 조기중재 전문가인 미국의 마호니 교수에 의하면 1년 동안 일상 중에 부모와 자녀가 상호작용할 수 있는 에피소드는 약 20만 건 이상이라고 합니다. 일상 중의 생활 에피소드란 밥 먹을 때, 옷 갈아

입힐 때, 잠들 때, 목욕할 때, 유치원 보낼 때 등 사소하면서도 매일 벌어지는 짧은 사건들을 말합니다. 이러한 생활 에피소드들은 약 5분을 넘지 않는 것이 보통입니다.

　이렇게 짧은 생활 에피소드 중에 부모가 자녀에게 어떻게 반응해 주고 대화하는지가 아동 발달에 영향을 준다는 것입니다. 따라서 작정하고 하루에 30분 또는 1시간 동안 아이와 함께 무엇을 하는 것만이 상호작용의 전부는 아닌 것이죠.

　예를 들어 아침에 아이가 입고 싶은 옷을 선택했을 때 "시간 없으니까 그냥 이거 입어!"라고 반응하거나 밥 먹을 때 "가만히 손 무릎해, 엄마가 먹여 줄게", "빨리 먹어야지, 왜 이렇게 흘리니?"라고 반응했다면, 아이의 자율적인 의지를 성장시키지 못한 것이 됩니다. 또 아이가 아빠에게 주스를 따라 주고 싶어 혼자서 따르다가 바닥에 흘렸을 때 "왜 시키지도 않은 짓을 하니, 잘하지도 못하면서!"라고 반응한다면 아이가 스스로 계획하여 실현하려는 시도를 수치스럽게 만들어 버림으로써 주도성의 성장을 방해하고 만 것이 되죠. 이렇게 짧은 생활 에피소드 속에서 무수히 많은 실패들을 경험하면서도 부모들은 그 중요성을 잘 인식하지 못합니다. 그러고는 따로 시간을 내어 "자, 이제 30분 동안 엄마가 놀아 줄게"라고 엄마의 스케줄에 맞춰 아이를 대한다고 해서 아이에게 어떤 긍정적인 영향이 미치리라 기대하는 것은 대단한 착각이 아닐 수 없습니다.

일상의 짧은 순간들이 곧 아이에게는 학습의 장이 됩니다. 일부러 시간을 정해 놓고 작정하여 '30분간 놀아 주는 것'보다는 일상에서 이를 닦거나, 엄마에게 주스를 달라고 요구하거나, 또는 차를 타고 이동하는 중에 벌어지는 5분 내(사실상 1~2분 정도)의 짧은 생활 에피소드 속에서 어떻게 반응해 주는가가 아이에게는 더 중요한 영향을 미친다는 것을 알아야 합니다.

결과 중심적인 생각이 1등을 만든다?

오늘날의 경쟁사회에서는 '1등'이나 '최고'가 절대적인 가치를 지닙니다. 물론 1등이 나쁜 것도 아니고 1등을 하지 않아야 잘사는 것이라 주장할 수도 없겠죠. 하지만 오로지 1등만을 목표로 사는 것과 과정 자체를 즐기며 자연스럽게 최고가 되는 것 사이에는 엄연한 차이가 있습니다. 결론적으로 말해 진정 1등을 목표로 하는 것이 아니라 과정을 즐길 수 있어야 합니다. 아동의 성취를 위해 무엇보다 중요한 것은 아이의 능동적인 참여 속에서 하고 싶다는 동기 부여입니다.

어느 강사가 중요한 프레젠테이션을 위해 강단에 섰을 때 갑자기 어린아이가 뛰어 들어와 강단 앞에 주저앉았습니다. 강의를 위해 아이를 밖으로 끌어내려 하는데, 비록 다섯 살밖에 안 된 꼬마일지라도 그 자리에 누워 있는 것이 더 좋다며 버틴다면 엄마가 끌어내기에는 꽤 힘이 들 것입니다. 하지만 그때 밖에서 재미있는 소리가 들려온다면 어떨까요? 아이가 호기심을 느껴 귀를 쫑긋 기울인다면 엄마는 손가락 하나만 잡아 줘도 아이를 쉽게 일으켜 세울 수 있을 것입니다.

동기란 이런 것입니다. 이처럼 <u>스스로</u> 목표를 세우고 무엇을 하고 싶다는 동기를 가진다면 이것은 곧 그 사람을 움직이게 하고 원동력이 되어 자연적으로 목표를 향해 나아갈 수 있는 힘을 발휘하게 될 것입니다. 이러한 동기는 아이가 결과에 중점을 두기보다 과정을 더 중요하게 생각할 때 훨씬 성취도를 높일 수 있습니다.

흔히들 1등, 금메달, 우승만을 가장 완성된 성공의 형태로 생각하곤 합니다. 아이들 역시 100점만을 최고의 가치로 여기는 경향이 있죠. 하지만 과정에 초점을 두고 하나하나 알아가는 과정을 '즐기며' 수행하는 아이는 비록 60점을 얻었다 하더라도 '현재 60퍼센트의 완성'을 이룬 것이라고 여깁니다. 그리고 이것은 앞으로 70퍼센트, 80퍼센트, 90퍼센트 그리고 100퍼센트로 이어지는 과정의 하나라고 생각합니다.

반면에 결과, 즉 '1등에 도달하는 것'만을 성공의 목표로 하는 아이에게는 오로지 100점만이 있을 뿐입니다. 이 아이가 만일 90점을 받았다면 90퍼센트의 완성이 아니라 그대로 '실패'입니다. 왜냐하면 100이란 목표 이외에는 아무런 가치가 없기 때문이죠. 일종의 O, X 사고로 세상을 판단하게 되는 것입니다.

인생에는 수많은 실패와 성공이 있습니다. 그러나 진정한 성공이란 내게 도전이 되는 일이나 실패 상황에 닥쳤을 때 잘 이겨 내는 자세에 있죠. 아이로 하여금 좌절감이 아니라 매순간 완성된 느낌을 가지도록 하기 위해서는 과정을 즐길 수 있도록 해야 할 것입니다.

만일 "공부를 왜 하는가?"라고 질문했을 때 "그냥 해야 하는 것이니까요"라고 대답하는 아이와 "재미있으니까요"라고 대답하는 아이가 있다면 누가 더 오래 그 일을 지속할 수 있을까요? 고생이지만 해야 하는 것이라고 답한 아이에게 공부는 단순한 노역일 뿐입니다. 하지만 공부 자체를 즐기는 아이는 매순간이 의미 있다고 생각할 것입니다.

전문가만이
아이의 인지학습을 향상시킨다?

어린 아동의 인지와 언어발달을 높이고 사회·정서적으로 안정되게 커가도록 하는 데 있어 가장 중요한 환경은 바로 부모입니다. 부모들은 자녀를 잘 키우기 위해 어떤 장난감을 사줄까, 어떤 교재가 좋을까, 또는 어떤 교구를 사주어야 하나 고민을 합니다. 이러한 '도구'들을 이용하여 아이를 자극하는 것이 능력 향상에 도움이 된다고 생각하는 것이죠. 물론 좋은 장난감이나 유치원, 학원들도 많은 도움이 되겠지만 아이가 지닌 잠재능력을 꽃피울 수 있는 가장 큰 힘은 바로 부모입니다. 이것은 건강하게 발달하는 아이나 발달이 지연되고 문제가 있는 아이 모두에게 동일하게 적용되는 사실입니다.

혹시 아이가 장애가 있어 '나는 장애에 대해서 전혀 알지도 못하고, 특수교육은 전문분야인데 어떻게 아이를 가르칠 수 있을까?'라고 생각하는 부모가 있다면 진심으로 충고하고 싶은 것은 '그래도 자녀에게는 부모가 가장 중요한 선생님'이라는 사실입니다.

부모가 아동 발달에 대단히 중요한 역할을 수행한다는 주장에 대해 마호니 교수는 세 가지 근거를 제시한 바 있습니다.

첫째, 모든 부모는 다른 사람이 대신할 수 없고 또한 대신해서도 안 되는 자녀와의 특별한 사회·정서적 유대와 애착 관계가 있습니다. 부모와 자녀 간의 이러한 독특한 연대감 때문에 어린 아동의 생활에서 가장 강력한 영향력이 있는 유일한 역할은 부모라는 것입니다. 부모가 직장을 다니거나 해야 할 일이 많아서 아이에 대한 영향을 전문가나 다른 사람에게 전가하는 것이 더 좋다고 판단한다면, 어쩔 수 없이 그 시간만큼 아이에게 미칠 중요한 영향이 유예되는 것이라고 생각해야 할 것입니다. 어린아이들은 부모와 함께 있는 것을 정말로 좋아하고 부모가 하는 말이나 행동은 그것이 무엇이건 어린 자녀에게 지대한 영향을 미칩니다. 실제로 집에서 욕을 자주 쓰는 엄마의 경우, 아이 역시 가르쳐 주지 않아도 밖에 나가 쉽게 욕을 하곤 합니다.

아이들은 자신의 관심과 흥미를 인정해 주고 함께 상호작용해 주는 어른을 좋아합니다. 만일 엄마보다 선생님이 자신을 더 잘 이해하고 반응해 준다면 아이는 선생님과 상호작용하는 것을 더 좋아할 수 있습니다. 그런데 엄마가 조금만 변화되어 아이의 행동에 반응적으로 대해 줄 때 아이는 놀이 상대자로서 당연히 엄마를 선택할 것입니다.

아이들은 정말로 엄마를 좋아합니다. 그리고 엄마와 상호작용하는 것을 누구보다도 더 좋아하고 기다립니다. 아이의 학습이 이루어지는 시작점은 아이가 관심 있어 하는 것, 흥미로워하는 활동이라 했습니다. 엄마는 자녀와의 일상생활 속에서 많은 시간 동안 자연스러운 관찰로 아이가 좋아하는 것이 무엇인지 잘 알고 있습니다. 다만 아동이 좋아하는 것을 인정해 주고 지지해 주느냐, 아니면 제지하고 거부하느냐의 선택만 남을 뿐, 아이가 좋아하는 것과 관심 있어 하는 것은 이미 잘 알고 있습니다. 따라서 기억 과정에서 말하자면 아이는 엄마를 항상 주시하기 때문에 언제든지 학습으로 들어갈 준비가 되어 있는 것입니다.

둘째, 아이의 학습과 발달은 아동이 능동적으로 참여하는 상황이면 언제 어디서나 발생할 수 있는 지속적인 과정이라는 것입니다. 어른들은 아이가 자신에게 필요한 것을 어떻게 알 수 있겠느냐며 아이의 흥미와 관심사에만 맡기면 놀기만 할 것이라고 단정할지도 모릅니다.

하지만 아이가 관심 있어 하는 것을 스스로 시도할 수 있을 때까지 기다려 보았는지 반문하고 싶군요.

분명한 것은 아이나 중, 고등학생 심지어 어른의 경우에도 인지학습은 자신의 능동성 여부에 따라 성공이 좌우됩니다. 아무리 유명한 강사이거나 나의 인생에서 중요한 정보라도 내가 능동적으로 선택하고 참여하지 않는다면 진정한 학습은 이루어지지 않습니다. 이것은 우리 부모에게 매우 중요한 이야기입니다. 따라서 아이의 능동성 없이 부모의 강요로 인해 얼마나 많은 낭비를 해왔는지 지금이라도 인식해야 합니다.

셋째, 부모는 다른 전문가들보다 아동 발달에 영향을 미치고 함께 상호작용하게 되는 기회가 훨씬 더 많습니다. 특별한 경우를 제외하고는 아이의 일상생활은 대부분 부모와 함께 이루어집니다. 따라서 아무리 유능한 전문가라 할지라도 일주일에 몇 시간 또는 하루에 몇 시간 만나는 그 순간에 아이가 능동성을 갖지 못한다면 학습이 이루어질 수 없습니다.

아이들은 아침에 일어나 밥을 먹고 씻고 부모와 함께 놀고 자동차에 탈 때조차도 새로운 정보나 기술을 배웁니다. 아이가 배울 준비가 되었을 때, 즉 무엇인가 하고 싶어 하는 바로 그 상황에 가장 많이 '거기에' 있는 사람은 바로 부모라는 것이죠. 설령 아이가 발달적으로 문제가 있거나 심각한 장애가 있다 할지라도 부모의 영향력은 간과되거나 과소평가될 수 없습니다.

　마호니 교수는 일상에서 부모가 아동 발달에 미치게 되는 기회를 양적으로 분석해 보았습니다. 발달이 지연된 아이를 대상으로 했을 때, 현재 유치원 반일반에 주 4일 다니고 있고, 특수교육 수업은 주 1회 30분씩 받고 있으며 대부분의 부모가 적어도 아동과 일대일로 직접 대면하며 접촉하는 시간은 평균 하루 1시간으로 예측해 보죠. 이때 1주일 동안 유치원 교사, 특수교사 그리고 부모가 아동과 일대일 상호작용하는 시간을 보면 유치원 교사는 33분, 특수교사는 25분, 그리고 부모는 420분으로 평가할 수 있습니다. 그리고 1년간 부모와 자녀는 최소한 22만 건의 구체적인 상호작용 상황에 참여하는 데 반하여, 교사는 동일한 시간 동안에 약 9,900건, 그리고 특수교사는 8,750건의 상호작용 기회를 가지는 것으로 가정할 수 있습니다. 따라서 아동이 능동적으로 학습을 촉진할 수 있는 기회는 부모가 더 많이 가질 수 있는 것입니다.

　그러니 누가 뭐래도 아이에게 최고의 선생님은 부모라는 사실을 잊지 말아야 합니다.

14 반응적인 부모가 되려면
이렇게 해봅시다

**주도성을 키우기 위해
아이가 시작하는 것에 따르기**

진우는 다섯 살입니다. 엄마는 진우가 새로운 것에 대한 거부감이 크고 지나치게 의존적이라며 상담을 청해 왔습니다. 상담실에서 진우와 엄마가 함께 노는 모습을 지켜보기로 했습니다.

"진우야, 여기 네가 좋아하는 퍼즐 있네?"

하지만 아이는 책꽂이와 블록만 번갈아 보고 있습니다.

"얘, 너 좋아하는 퍼즐 있다니까? 이리 와서 엄마랑 맞춰 보자, 응?"

엄마가 거듭 말을 건네도 진우는 여전히 반응이 없습니다. 엄마는 그제야 퍼즐을 내버려 두고 아이에게 다가갑니다.

"진우야, 그럼 우리 블록으로 뭐 만들까? 이렇게 쌓아서 집 지을까?

그래, 엄마랑 블록 쌓기 해보자."

엄마가 먼저 블록 쌓기를 시작하지만 진우는 옆에서 지켜보기만 합니다. 엄마가 블록을 달라고 하면 하나씩 건네주기만 할 뿐입니다.

"이번에는 진우가 혼자서 한번 해봐."

엄마는 뒤로 물러나 아이를 지켜보기로 합니다. 진우는 블록을 하나 쌓을 때마다 엄마를 쳐다보고는 "이렇게?" 하고 확인합니다.

아이는 매번 엄마에게 의존하고 있었습니다. 자신의 의도가 무엇인지보다는 엄마가 요구하는 대로 잘하고 있는지 확인받고 싶어 하는 것이지요.

사실 처음 엄마와 아이가 함께 노는 상황을 관찰할 때부터 엄마가 숫자나 글자를 가르치고자 애쓰는 모습이 자주 관찰되곤 했습니다. 그리고 함께 놀 때도 엄마가 먼저 아이에게 무엇을 하라고 제안하거나 직접 해보이는 등 다소 조급해하는 경향이 있었습니다.

"아이가 먼저, 스스로 하게 놔둬 보세요."

그때부터 엄마의 참을성이 시험대에 올랐습니다. 오래된 조급증을 한순간에 거두기는 쉽지 않은 일이었죠. 소꿉 영역에서 새로 산 토스터기로 샌드위치를 만드는 시간에도 엄마는 "우리 샌드위치 만들어 볼까?" 하고 나서곤 했습니다. 과일 모형을 자를 때도 아이가 손목 힘이 약하다며 엄마가 직접 잘라 주려고 가위를 집어들기도 합니다. 그러다 문득 '이래서는 안 되지' 하며 아이에게 가위를 건넸을 때 아이는 서툴게나마 빵이나 김밥 모형들을 자르기 시작했습니다. 스스로 이뤄 낸 그 작은 성과에도 엄마와 아이는 신기한 체험인 양 즐거워하기 시작했습니다. 그렇게 조금씩, 조금씩 변화가 진행되었습니다.

어머니는 점점 진우가 선택하는 것, 진우가 하고자 하는 것에 따르려 노력했습니다. 진우는 날마다 여러 가지 과일 모형들을 잘라 접시에 담았습니다. 때로는 아빠가 좋아하는 과일도 따로 준비해 가면서 서서히 놀이를 주도하기 시작했습니다.

==부모와 자녀가 함께하는 놀이의 진행방식은 아동의 주도성에 큰 영향을 미칩니다. 가령 아이의 수준에서 쉽게 다룰 수 있는 장난감을 제공해 준 뒤 아이가 하고 싶은 대로 가지고 놀도록 기회를 주거나 아이가 흥미로워하는 것을 적극 지지해 준다면 아이는 점점 능동적으로 변해 갑니다.== 그리고 그렇게 자신이 놀이를 주도하는 과정에서 아이는 훨씬 더 많은 것을 배워 나갈 수 있습니다.

어른의 도움이 있어야만 장난감을 조작할 수 있는 상황이 되면 아이는 기꺼이 어른을 찾아 도움을 청할 것입니다. 그런데 어른들은 아이가 필요로 하지도 않는데 먼저 나서서 아이에게 친절을 베푸는 경향이 있습니다. 이것은 과잉 친절이며 아이의 주도성을 방해하는 행위가 될 수 있습니다.

간혹 어른들은 이중 기준으로 아이를 대하곤 합니다. 어떤 때는 일일이 가르쳐 주고 먹여 주고 챙겨 주면서 아이의 자율 능력이 1세 미만인 것처럼 대하면서도 또 어떤 때는 '이건 우리 애한테는 너무 쉬운 과제야'라며 아이의 발달 수준을 현재 수준보다 1~2년 껑충 뛰어넘는 것으로 간주하기도 합니다. 그러고는 아이의 수준보다 훨씬 어려운 장난감이나 교구를 주고 난감해하는 아이 앞에서 엄마가 직접 '완성품'을 만들어 보입니다.

자, 그럼 이건 누구의 장난감입니까? 그야말로 엄마가 원했던, 엄마가 보기에 좋은 '엄마의 장난감'이 되고 말 것입니다.

자신감을 키우기 위해 질문 없이 대화하기

엄마와 아이가 어떻게 상호작용하는지 살펴보기 위해, 다양한 장난감들이 준비되어 있고 한쪽 벽에는 카메라가 설치된 방에서 놀이하는 장면을 10분 동안 녹화했습니다.

"야, 여기 장난감 참 많구나. 뭐부터 갖고 놀까?"

방에 들어서자마자 엄마는 쉴 새 없이 이야기하기 시작합니다.

"이거 갖고 놀까? 저건 어때? 이거 좀 해보자, 응?"

10분 동안 엄마는 잠시도 쉬지 않고 열심히 아이와 놀아 줍니다.

이것은 부모와 자녀 간의 상호작용 유형을 알아보기 위한 예입니다. 위의 예에 등장하는 엄마는 아이와 꽤 잘 놀아 주는 편입니다. 그리고 스스로 매우 다정하고 애정이 넘치는 부모에 속한다고 생각합니다. 하지만 아이가 스스로 놀이를 진행하기 전에 계속해서 엄마가 놀이를 이끌어 간다는 점에서 볼 때 이 엄마의 경우는 '온화한 강요^{push}'에 해당합니다. 부모와 자녀간의 상호작용 측면을 강조해서 말하자면 이 역시 결국은 아이의 주도성을 방해하는 행동인 것입니다.

어떤 경우에는 "아냐, 아냐! 이걸 해야 돼. 이걸 하란 말이야" 하며 끝없이 제안을 하면서 아이를 채근하는 부모도 있습니다. 이런 경우는 누가 보더라도 부모가 주도하여 아이를 이끈다고 볼 수 있습니다.

이 두 가지 상황 모두 부모가 이끈다는 면에서 부모와 자녀 간의 상호작용 양상이 조화롭지 못하며 결국 아동의 발달을 긍정적으로 증진시키는 데 도움이 되지 못합니다.

그렇다면 가장 바람직한 상호작용은 어떤 것일까요? 시소를 떠올려 보십시오. 동등한 무게로 번갈아 오르내리는 시소처럼 '하나 주면 하나 받고, 하나를 받기 위해서는 하나를 내주는' 기브 앤 테이크$^{give\ and\ take}$ 방식의 상호성이 있어야 합니다.

그러나 대부분의 부모들은 너무 많은 것을 주려 하기 때문에 시소의 한쪽이 항상 기울어져 있는 것입니다. 어른들은 때로 아이들에게 과도하게 친절한 것이 아닌지 생각해 볼 필요가 있습니다.

여기 세 살짜리 아이와 엄마가 실로폰을 가지고 놀고 있습니다. 엄마는 채를 들고 "이렇게 해봐, 응?" 하며 실로폰을 '띵' 칩니다. 그러고는 또 한 번 '띵띵' 치며 아이에게 "이렇게 하는 거야, 알았지? 해봐"라는 말을 계속 반복합니다.

여기서 눈여겨봐야 할 점은 아이가 한 번 '띵' 치기를 원한다면, 받을 만큼만 엄마도 주라는 것입니다. 스스로 실로폰을 쳐보기도 전에 아이는 이미 너무 많은 정보를 받아들여야 하는 상황인 것입니다. 양적인 균형을 보면 너무 조화롭지 못합니다. 하지만 이러한 상황을 우리는 지금까지 너무 자연스럽게 겪어 왔고, 그만큼 익숙해져 있기 때문에 어째서 문제가 되는지조차 모릅니다.

엄마가 많이 말한다고 해서 아이가 잘 반응하는 것은 아닙니다. 오히려 아이가 잘 수행하기 원한다면 아이만큼만 말하세요. 그리고 아이 스스로 반응할 때까지 기다려 주세요. 때로는 침묵도 놀이입니다. 침묵도 자연스럽게 즐길 수 있어야 합니다. 조용하다고 해서 내가 아무것도 안 주고 있다고 생각할 필요는 없습니다. 아이는 뭔가를 시도하기 위해 마음속으로 계획을 세우고 있는데 어른들은 그 새를 못 참고 다음 행동을 직접 해보이며 아이가 왜 안 하는지 질책합니다. 이제 곧 스스로 움직이려 하는 참이었는데, "왜 가만히 있니?"라고 말한다면 아이는 결국 흥미를 잃을 수밖에 없습니다.

아이가 가장 관심이 있어 하는, 즉 아이가 시작하는 활동을 단지 옆에서 지지해 줄 때 비로소 아이의 주의를 이끌어 낼 수 있습니다. 아이가 주도한 활동들은 주의집중이 가장 잘 된 상황에서 이루어지므로 아동 발달을 촉진하는 데 결정적입니다.

부모가 말을 너무 많이 하는 것은 아이와 어른이 조화롭고 균형 있게 상호작용하는 것을 방해합니다. 어떤 학자들은 아이가 말을 잘하도록 하기 위해서는 아이에게 언어 자극을 많이 주고 정확하게 교정해 주어야 한다고 권고합니다. 그러나 마호니 G. Mahoney 교수는 그보다 아이가 이미 알고 있는 소리나 단어를 계속해서 '스스로' 실행해 보도록 하는 것이 더 중요하다고 말합니다.

넬슨 K. E. Nelson 박사는 엄마가 아이에게 일일이 단어를 가르쳐 준 경우와 아이가 자기 수준대로 하는 말을 그대로 모방해 준 경우에 대해 3년 뒤 언어발달을 비교했습니다. 그랬더니 일일이 가르친 경우보다 모방해 준 경우에 오히려 아이의 어휘수가 훨씬 많았습니다. 아이의 입에서 좀 더 많은 어휘와 정돈된 문장이 흘러나오기를 원한다면 부모는 가능한 한 아이의 현재 수준에 맞춘 짧은 문장을 사용하고, 아이에게 무엇을 촉구하기 위해 말을 반복해서 많이 하지 않는 것이 더 바람직합니다. 그리고 아이가 더 많이 말할 수 있도록 엄마의 말을 줄이고 기다려 주세요. 아이에게 큰 변화가 나타날 것입니다.

긍정적인 아이로 키우기 위해
아이에게 선택할 기회 주기

부모가 무엇을 시켰을 때 자녀들은 '하지 않는 것'으로 자신의 의사를 표현하기도 합니다. 이럴 때 자녀는 '부모 말을 안 듣는 아이'로 비춰지곤 합니다. 하지만 아이가 '하지 않는 것'을 표현하는 데에는 다 이유가 있습니다. 부모의 요구가 너무 어려운 것이거나 지금 상황에서 아이가 별로 하고 싶지도 않고, 관심도 없는 것을 강요받았기 때문이죠.

지금 당장 아이의 안전을 위협할 만큼 중요하고 심각한 것이 아니라면 아이의 거부의사를 그대로 인정하고 이해해 보도록 하세요. 그럼 아이는 부모로부터 도망치는 대신 스스로 다가와 상호작용의 기회를 만들게 될 것입니다.

부모의 제안에 따르지 않는 것이 결코 '버릇없는 행동'이 아니라 '아이의 선택'이라는 사실을 인정하고 받아들일 수 있어야 합니다. 아이의 관심사와 흥미, 그리고 아이의 선택을 인정해 줄 때 비로소 신뢰 관계가 형성될 테니까요. 그리고 부모와 자녀의 신뢰 관계가 바탕이 될 때 더욱 성공적으로 아이의 자발적인 협력을 얻어 낼 수 있을 것입니다.

수미는 초등학교 4학년입니다. 엄마는 저녁 준비를 하고 있고 수미는 방에서 컴퓨터 게임을 하고 있습니다. 이때 엄마가 수미에게 말합니다.

"수미야, 슈퍼에 가서 두부 하나만 사올래?"

수미는 조금 망설이더니, "엄마가 사오면 되잖아!" 하고 말합니다. 엄마는 당황스럽기도 하고 조금 화도 납니다. 그래서 수미에게 짜증을 내며 "엄마 말을 통 안 듣는구나"라고 말합니다. 아이도 화가 나긴 마찬가지입니다.

상담실에서 모녀를 만났을 때 두 사람은 각자의 입장에서 그날의 에피소드를 들려주었습니다. 수미는 그때 게임을 하고 있었습니다. 그런데 게임은 하루에 1시간만 하는 것으로 엄마가 정한 규정이었습니다. 그리고 게임을 시작한 지 이미 30분 정도 지난 상황에서 수미는 게임 미션의 5단계 중 3단계까지 와 있었습니다. 만일 지금 멈춘다면 다시 처음부터 해야 하는데, 그러자면 다시 30분을 더 해야 합니다. 더군다나 집에는 컴퓨터가 한 대 밖에 없고 30분 뒤에는 오빠가 돌아와 컴퓨터를 사용한다고 할지도 모릅니다. 그래서 수미 입장에서는 두부 사오는 일이 그리 다급한 일이 아니라 판단했고, 빨리 게임을 끝내고 싶을 따름이었던 것입니다. 하지만 엄마 입장은 다릅니다. 엄마는 이미 양념을 잔뜩 묻힌 상태라 손 씻고 옷매무새를 가다듬기가 번거로워 수미를 시킨 것이죠. 당연히 심부름에 응할 줄 알았던 수미가 대뜸 안 된다고 하니 화가 났던 것입니다.

수미 입장에서는 엄마에게 반항한 것이 아니라 엄마와 정한 1시간이라는 규정에 맞춰 빨리 게임을 끝내고 숙제를 해야 한다고 판단한 것입니다. 그리고 자신의 판단에 따라 반응을 '선택'했을 뿐이죠. 하지만 어른들은 아이의 행동이 그런 '선택'의 과정에서 나온다는 사실을 자주 잊곤 합니다. 그래서 '엄마 심부름보다 게임이 더 중요하단 말이야?' 하고 감정적인 대응을 하게 되는 겁니다.

가끔 아이가 부모의 말에 따르지 않을 경우, 그런 행동 이면에 자신의 선택이 있다는 사실을 이해해 준다면 관계는 달라집니다. 부모가 자신의 판단과 선택을 이해하고 존중한다고 믿을 때 아이 역시 부모를 신뢰하게 되죠. 그렇게 신뢰 관계가 형성된다면 이후 자신의 행동을 선택할 때 자기 상황뿐만 아니라 상대방의 입장도 고려해서 맞춰 주는 능력으로 발전하게 됩니다.

이렇듯 아이의 자발적인 협력과 순종은 강압에 의해서가 아니라 먼저 아동에게 선택할 기회를 주고 아동의 선택을 이해할 때 비로소 제대로 나타나게 되는 것입니다.

주의집중력을 키우기 위해
아이에게 준 만큼만 받기

엄마와 아이가 실내 놀이공간에서 놀고 있습니다. 아이는 볼 풀장에 들어가 "빨강!" 하며 엄마에게 던집니다. 이때 대부분의 어른들은 많은 말로 대응합니다.

"어머, 빨간색 공이 여기 있네? 그럼 엄마는 파란색 공이다!"

"그럼 이건 무슨 색일까요? 알아맞혀 보세요!"

아이는 그저 빨간색 공만 하나 던졌을 뿐인데 되돌아오는 반응이 너무 많죠? 게다가 아이의 현재 단계를 훌쩍 뛰어넘는 질문들도 있습니다.

아이가 빨간색 공을 던지면 엄마도 "빨~강!" 하며 공을 받으면 됩니다. 가끔 아이가 먼저 "이건 뭐야?"라고 물을 때도 있을 겁니다. 그럼 엄마는 "응, 이건 초록색이야"라고 아주 친절하게 대답해 주며 스스로 반응을 잘하고 있다고 생각하겠죠. 물론 맞습니다.

하지만 지금은 정답을 맞혀야 하는 시간이 아니죠. 오히려 아이가 질문한 것을 그대로 받아서 "글쎄, 이게 뭘까?" 하고 반응해 주는 것이 더 효과적입니다. 아이는 엄마가 대답해 주지 않는 것에 답답해하거나 화를 내지 않습니다. 오히려 "음……" 하고 눈알을 동글동글 굴리면서 자기 나름대로 답을 만들어 낼 것입니다. 대부분의 아이들은 엄마에게 물어볼 때 스스로 짐작하는 답이 있습니다. 하지만 자신감이 낮은 아이들은 자기 생각이 틀리거나 엄마의 반응이 두려워 쉽게 대답하지 못합니다. 왜냐하면 아이에게 엄마는 자기보다 훨씬 '유능한 존재'이기 때문입니다. 그래서 자신이 생각한 답을 엄마로부터 확인받는 것이지요. 평소 소극적인 아이라면 더더욱 소신 있게 자신의 생각을 내뱉지 못할 것입니다. 이때 엄마의 학력 따위와는 상관없이 현재 아이의 능력에 비하면 엄마는 비교할 수 없이 월등한 건 맞습니다. 그러나 이런 놀이 상황에서 아이가 엄마를 월등한 존재로 인식하고 있다는 것은 그다지 유익하지 않습니다.

오히려 이렇게 월등한 엄마가 자신의 현재 능력과 비슷한 수준이 되어 같은 양, 같은 빈도의 자극으로 한 번에 하나씩 주고받을 때 아이의 자신감은 점점 커집니다.

자녀에게 지속적으로 반응하는 부모들은 일상생활의 여러 상황에서 아이와 서로 주거니 받거니 하며 조화로운 상호작용을 합니다. 이것은 마치 시소놀이와도 흡사합니다. 양쪽의 무게가 비슷해야 한쪽으로 치우치지 않고 한 번씩 오르락내리락할 때 시소놀이는 재미가 있는 것입니다. 부모와 자녀의 상호작용도 균형이 맞아야 합니다.

시소놀이에서 한쪽이 조금이라도 더 무거우면 서로 주고받으며 조정할 수가 없으니 재미가 없습니다. 부모가 말을 더 많이 하거나 아이를 주도하며 활동한다면 균형은 깨지고 맞은편에 있는 아이는 아무것도 할 수 없게 되죠. 시소처럼 상호작용 역시 서로 말이나 활동 수준의 양과 횟수가 균형을 이루는 것이 중요합니다. 엄마가 너무 말을 많이 하거나 끊임없이 움직여서 아이가 개입할 기회를 뺏는다면 균형은 깨집니다. 반대로 아이가 활동을 하고자 할 때 부모가 아무런 반응도 해

주지 않는다면 아이 역시 곧 흥미를 잃게 되고 상호작용이라는 시소놀이도 끝이 납니다.

상호작용은 계속되면 될수록 서로의 능력이 향상되는 윈-윈 게임과도 같습니다. 부모와 아이가 서로 파트너가 되어 주거니 받거니, 하나씩 각자의 생각과 행동을 교환할 때 조화로운 상호작용이 가능합니다. '야호!'라고 외치면 메아리가 되어 돌아오고 탁구공을 치면 곧장 되돌아오듯이 각자가 상대의 행동에 즉각적으로 반응하는 상호작용을 통해 아이는 자신의 행동을 더욱 발전시켜 나갈 것입니다.

가장 이상적인 상호작용은 '응시'와 '관찰'을 기본으로 합니다. 부모와 아이는 서로 응시하면서 상대가 어떻게 하는지, 무엇을 하려 하는지 주의 깊게 관찰하고 다음에 내가 해야 할 행동을 준비하게 됩니다. 이 과정이 원활하게 이루어지지 않는다면 아이는 결국 자기가 하고 싶은 것만 하려 들 것이고 부모의 말에는 주의를 기울이지 않게 되겠죠. 또한 부모가 요구하는 양이 너무 많아 아이 스스로 하고 싶은 것을 할 기회조차 주지 않는다면 아이는 수동적인 역할자로만 남게 될 것입니다. 이렇게 어른이나 아이 누구도 협력하지 않는 상황에서는 서로 간의 어떤 조정도 없는 무의미한 상호작용만 되풀이하게 됩니다.

상호작용에서 가장 중요한 점은 부모와 자녀가 일상의 활동에서 함께하는 빈도가 더욱 많아지고 그 기간도 점점 길어져야 한다는 것입니다. 부모도 아이와 함께하는 순간순간의 상호작용을 통하여 성취감과 즐거움을 얻게 되면 더욱더 빈번하게 자녀와 상호작용하게 될 것입니다.

자발적 동기를 키우기 위해
아이가 할 수 있는 것만 요구하기

아이가 능력 범위 내에 과제를 수행할 때 설령 평균적인 수준에 못 미친다 해도 부모가 성공적이라고 격려해 준다면 결국 스스로 더 만족스러운 결과를 위해 도전하게 됩니다. 이것은 아이에게 긍정적인 경험으로 작용하게 되죠. 이러한 경험이 반복될 때 아이는 점점 자신을 유능하다고 인식하게 됩니다.

어른들도 떨리고 긴장되는 상황에서는 누구나 실수를 합니다. 심지어 부모가 잘 해보라며 계속 다그치고 재촉하는 상황에서 아이들이 뭔가를 제대로 해낼 가능성은 희박하죠.

자녀 교육에 대해 같은 생각을 지닌 엄마들이 하나둘씩 모여 특정한 그룹을 형성했습니다. 이 엄마들은 '보다 일찍', '보다 많이' 가르쳐야 한다는 공통된 생각을 갖고 있었죠. 그래서 아이가 유치원에 다닐 때부터 영어, 한글, 운동, 과학 등 수많은 과외공부를 통해 조기 자극을 줘야 한다고 굳게 믿고 있었습니다.

그런데 그 아이들 가운데 말더듬 증상을 지닌 아이가 있었습니다. 또래와 함께 한글 공부를 하는 과정에서 그만 말을 더듬기 시작한 것이죠. 엄마가 "똑바로 말해야지!" 하며 다그치자 아이는 더욱 말을 더듬었습니다. 엄마는 이해할 수가 없습니다.

"비슷한 또래들이 똑같은 환경에서 교육을 받았는데 어째서 우리 아이만 말을 더듬게 된 걸까?"

앞서 부모와 아이 간의 상호작용은 양방향으로 이루어진다고 했습니다.

여럿이 함께 공부하더라도 개개인의 특성과 능력에는 차이가 있을 수밖에 없죠. 다른 아이들은 이런 부담이 심리적 문제로 작용하지 않았지만 이 아이는 달랐던 것입니다. 그런데도 '다른 애들은 다 괜찮은데 왜 너만 못 견디니?' 하고 책망할 수는 없죠.

아이들은 대부분 정해진 순서대로 발달해 갑니다. 하지만 발달특성상 순서를 진행하는 속도는 개인마다 차이가 있습니다. 어떤 아이는 말이 좀 빠르지만 그 대신 운동능력이 느리게 발달하기도 하고, 또 어떤 아이는 반대로 운동능력은 빠른데 말이 느리게 발달할 수도 있습니다. 같은 이유로 초등학교 2학년이 되어 다 같이 열심히 구구단을 외운다 해도 몇 개월 뒤 모두가 구구단을 술술 외울 수 있는 것은 아닙니다. 아이마다 조금씩 차이가 있죠.

이처럼 아이의 발달은 각자의 특성에 따라 다르게 나타난다는 사실을 알아야 합니다. 그런 뒤에 내 아이의 발달수준, 흥미, 현재 상태를 잘 관찰할 필요가 있습니다. 하지만 어떤 부모들은 오히려 옆집 아이를 더 주의 깊게 살펴가며 내 아이를 거기에 적용하려 하죠. 물론 다른 아이들이 어떻게 발달해 가는지 관찰하는 것도 필요한 일입니다. 하지만 그보다는 내 아이에게 적합한 것이 무엇인지 아는 것이 우선입니다.

반응적인 부모는 무엇이 다를까요?

첫째, 아이의 발달적 수준에 눈높이를 맞춥니다. 아이가 하는 말, 행동, 그리고 아이의 요구 수준에 함께 머물되 최소한의 변형만을 시도합니다. 예를 들어 아이가 장난감을 땅땅 치면서 놀고 있다면 엄마는 아이와 똑같이 장난감을 땅땅 치며 반응합니다. 그리고 이런 행동이 충분히 반복되었다고 판단하면 다른 장난감도 쳐서 '땅땅' 하고 소리를 내어 봅니다. 이렇게 아이와 함께 놀면서 현재 발달 수준에서 크게 벗어나지 않는 '약간의' 변형만을 시도하는 것이죠. 아이가 말을 배울 때도 원칙은 변하지 않습니다. 아이가 "멍멍"이라고 말하면 엄마는 아이와 함께 "멍멍" 하고 반응해 줍니다. 이렇게 몇 번을 반복한 후에, "강아지가 멍멍" 하고 한 단어를 추가해 봅니다.

둘째, 반응적인 부모는 아이의 관심에 초점을 맞춥니다. 아이가 무엇을 하건 그 순간에 흥미 있어 하는 활동과 행동이 무엇인지 계속 살펴보는 것이죠. 아이가 현재 집중하고 있는 것, 아이의 의사소통, 아이의 행동에 초점을 맞춤으로써 부모는 아동의 흥미를 계속 유지시켜 주고자 합니다.

셋째, 반응적인 부모는 아동의 성향과 행동양식에 맞추어 자신의 기대를 조정합니다. 만일 아이가 부드럽고 상냥한 말투를 가졌고, 비교적 느린 속도로 상호작용하는 편이라면, 반응적인 부모는 거기에 맞춰 목소리 톤을 가능한 한 부드럽게 하고 자신의 상호작용 속도를 늦춰 가며 반응합니다. 반대로 아이가 활동적이고 다소 충동적인 편이라면 반응적인 부모는 가급적 신체 활동이 활발한 놀이로 유도하되 아이로 하여금 주의집중이 오래 지속되어야 한다는 중압감을 느끼지 않도록 배려합니다.

아이가 잠이 없는 편이라면 일찍 자라고 재촉하기보다는 낮잠을 자지 않도록 유도하면서 자연스럽게 수면에 들 수 있는 방안을 모색하는 것이 반응적인 부모의 방식입니다.

이렇듯 반응적인 부모는 아이의 행동특성들 대부분이 태어날 때부터 주어진 성향이라는 사실을 인정합니다. 그래서 아이가 가지고 있는 성향과 싸우기보다는 아이가 요구하는 것을 인정하고 다소 거리를 둔 채 유동적으로 대처함으로써 아이의 성향에 맞게 자신의 행동을 조정해 갑니다.

아이가 한 가지만을 고집스럽게 좋아할 때 엄마들은 문제가 있는 게 아닌지 의심하곤 합니다. 그래서 그것을 없애거나 중단시키고자 여러 가지 방법을 시도하기도 하죠. 하지만 그 방법들은 통하지 않습니다. 그런데도 2년, 3년 심지어는 7년 동안 줄기차게 똑같은 실패를 반복합니다. 자신의 방법이 잘못되었다는 생각은 하지 않고 마치 신념이나 철학인 것처럼 포기하지 않는 것이죠.

아이가 그렇듯 부모 역시 개인적인 성향이나 특별히 집착하는 행동들이 있을 겁니다. 가령 치약을 짤 때 중간부터 짠다거나 밥 먹기 전에 물을 꼭 마시고, 식사 후에는 꼭 커피를 마시는 행동과 같이 오래된 자신의 성향을 바꾸기는 어려울 것입니다. 아이들에게도 그런 집착과 고집스러운 행동들이 얼마든지 있을 수 있죠. 그것을 그대로 인정해 줄 때 비로소 오랫동안 제자리를 맴돌던 실랑이는 끝이 나고, 아이와 함께 다음 단계로 나아갈 수 있습니다.

의사소통을 촉진하기 위해 아이보다 적게 말하기

반응적인 부모는 가급적 아이에게 지시하지 않습니다. 불가피하게 지시해야 할 상황이라도 부모가 하는 말에 비해 아이에게 반응하는 양이 더 많도록 노력합니다.

여기서 '지시'란 아이의 행동에 앞서 무엇을 하도록 제안하거나 요구하는 것을 말합니다. 소리를 질러 강압적으로 요구하거나 위협하는 방법도 있을 수 있고, 온화하고 다정한 목소리로 끊임없이 아이에게 '이것 해라, 저것 해라'는 식으로 종용하는 방법도 있을 수 있겠죠. 강압적이든 온화하든 지시라는 사실에는 변함이 없습니다. 하지만 이런 방법들은 그다지 바람직하다고 볼 수 없습니다.

아이들은 기본적으로 질문과 지시보다는 '동등한 대화'를 좋아합니다. 하지만 부모에게 질문을 하지 말라고 하면 한참 동안 아무 말도 못하는 경우가 많죠. 그만큼 우리는 아이와의 대화에 있어 주로 일방적으로 질문하거나 무엇을 하라고 지시하는 습관에 젖어 있었던 것입니다.

실제로 엄마들에게 오늘 하루 아이에게 했던 말들을 기억나는 대로 적어 보라고 하면 '질문으로 된 대화'의 비중이 압도적으로 많습니다. '학교에서 재미있었니?', '지금 뭐해?', '너 어디 있니?', '그거 맛 있어?' 등의 질문들입니다.

아이와 함께 그림책을 읽을 때도 "바위 뒤에 누가 숨어 있네?"라고 묻습니다. 직접적으로 "이게 뭐지?"라고 묻지는 않았지만 정답을 요구하고 있다는 점에서는 동일한 질문입니다.

실로폰을 가지고 놀 때도 "파란색 어디 있지?", "이거 무슨 색이야?", 블록을 끼울 때도 "동그라미 저기 있잖아. 끼워 볼래?" 하며 끝없이 물어봅니다. 때로는 이런 질문 공세로 아이에게 지속적으로 자극을 주는 것이 부모로서 현명한 교육방법이라 생각하기도 합니다. 물음표가 없으면 대화가 도저히 불가능한 걸까요?

언제나 어른이 먼저 많은 것들을 생각하고 앞서서 실행해야만 아이에게 도움이 될 거라는 생각은 버려야 합니다. 그래야 오히려 아이에게 도움이 됩니다. 반드시 기억해야 할 점은 바로 이것입니다. 아이가 먼저 시작하도록 할 것. 부모의 역할은 그다음부터입니다. 아이의 말과 행동에 따라 반응하는 것이 부모가 해야 할 일이죠. 통제감은 부모의 몫이 아닙니다. 그것은 언제나 아이의 몫이 되어야 합니다.

'내가 누구를 움직였다'는 사실은 통제감과 동시에 대단한 자신감과 책임감을 불러옵니다. 그것은 그 누구도 아닌 내 아이의 귀중한 자산이며, 다음 활동을 성공적으로 수행하기 위한 동기로 작용하게 됩니다.

이것은 어른들의 일상생활에서도 얼마든지 증명할 수 있습니다. 예를 들어 친구들과의 모임을 앞두고 각자 좋은 장소를 제안하는 자리에서 결국 다수결로 A레스토랑으로 결정되었다고 해볼까요? 이때 A레스토랑을 제안했던 사람은 적어도 그 모임에 절대로 빠질 수 없을 뿐만 아니라 다른 모든 일보다 그 모임이 가장 우선순위가 될 것입니다. 또한 친구들이 불편해하지나 않을까 미리 전화도 해보는 등 모임이 성공적으로 진행될 수 있도록 최선을 다할 수 있겠죠. 마치 그 행사를 책임진 리더처럼 말입니다.

마찬가지로 아이들 역시 자신이 주도하고 제안하는 것에 부모가 따라줄 때 자신감과 동시에 통제감을 느끼게 될 것입니다.

'성장'이란 무엇일까요? 그것은 아이가 자기 앞에 놓인 상황을 '자기 몫'으로 받아들이며 스스로 행동을 '결정'해 가는 과정일 것입니다. 아이가 부모를 통해서 배우게 되는 통제감은 아이의 성장에 있어 무엇보다 중요한 요소입니다.

어떤 부모들은 아이에게 책을 읽어 주거나 놀이를 할 때 수없이 질문하면서 답을 말해 줘서는 안 된다고 생각합니다. 답은 언제나 아이가 맞춰야 한다는 생각은 성취지향적인 우리 문화의 한 단면이기도 하죠. 하지만 아이와의 놀이에서조차 성취만을 생각하는 것이 과연 바람직한 일일까요?

아이가 동물 퍼즐을 맞출 때 소 모양 조각을 돼지 그림에 맞추려 한다면 부모들은 똑바로 맞추라고 다그칩니다. 책을 읽을 때도 삽화에 등장하는 동물이나 과일의 이름을 물어보고 대답을 촉구합니다. 하지만 아이들은 질문 속에서 상호작용하는 것을 좋아하지 않습니다. 어른의 질문이 많아지면 상호작용은 수동적으로 변할 수밖에 없습니다. 어른의 입장에서 생각해도 마찬가지입니다. 서로 평등하게 주고받는 대화가 재미있지 일방적으로 계속 질문만을 받거나 어떤 활동을 하라는 요구를 받는다면 과연 의욕이 생길까요? 능동성이 결여된 활동에는 누구든 참여하고 싶은 동기가 사라지게 됩니다. 뿐만 아니라 자기 놀이에 대한 주도성을 빼앗겼을 때 아이는 자신감마저 잃게 되기 쉽습니다.

아이에게 무언가를 가르치고 주입시키려는 부모의 과욕이 아이의 시작부터 꺾어 버릴지도 모른다는 것을 알아야 합니다.

신뢰로운 관계를 형성하기 위해
놀이 상대자로서 행동하기

반응적인 부모의 또 다른 특징은 자녀와 함께할 때 '표현적이고 활기 있게 상호작용'한다는 것입니다. 자녀와 함께 있다는 것 자체에 대해 즐거움을 표현하고, 아동들 또한 부모와 함께 있는 것에 즐거워하며 반응합니다.

아이들은 만화영화를 참 좋아합니다. 주의집중 시간이 짧은 아이들도 만화를 볼 때면 자신의 한계를 넘어 훨씬 오래 집중할 수 있습니다. 왜 그럴까요?

만화에 등장하는 캐릭터들을 잘 보세요. 다들 과장된 얼굴들인 데다가 누가 봐도 그 표정이 무엇을 표현하는지 금방 느낄 수 있죠. 걷거나 말하는 것도 매우 과장되어 있어 아이들의 흥미를 끌기에 충분합니다. 사실 학습이 만화 같다면 아이들은 더 많이 집중할 수 있겠죠. 그래서인지 요즘은 '학습만화'들이 쏟아져 나오기도 합니다.

그렇다면 일상에서도 이러한 방식으로 아이의 흥미를 끌 수는 없을까요? 마치 만화영화의 캐릭터처럼 어른들도 좀 더 생동감 있고 활기차게 상호작용한다면 아이들은 훨씬 즐겁게 집중하고 몰입할 수 있을 것입니다.

물론 부모가 자녀에게 늘 부드러운 말투와 온정적인 태도를 가지는 것은 아이와의 관계 형성에서 아주 중요합니다. 하지만 이러한 애정적인 표현만이 반응적인 부모가 갖춰야 할 요건의 전부라고 말할 수는 없겠죠.

'재미'는 아이 어른 할 것 없이 모두가 좋아하는 요소입니다. 만일 학교 갔다 온 아이에게 "오늘 공부 어땠어?"라고 물었을 때 아이가 "재미있었어"라고 대답한다면 부모는 어떻게 생각할까요? '재미있었다니, 혹시 오늘 학교에서 공부는 별로 안 하고 야외에서 놀이 활동만 한 게 아닐까?' 하고 생각하지는 않을까요? 그만큼 '공부'란 재미와 관련이 없다는 고정관념이 우리에게는 있습니다. 하지만 공부도 얼마든지 재미있을 수 있으며 '성적'이 아닌 공부 그 자체의 즐거움으로 학습에 임하는 아이들은 그렇지 않은 아이들에 비해 몰입도가 훨씬 높을 수밖에 없을 겁니다. 이것은 어른도 마찬가지입니다. 오로지 필요에 의해서 일하는 사람과 그 일이 좋아서 즐기는 사람 중에서 누가 더 그 일을 오래 지속할 수 있을까요?

    공부에 접근하는 데 미국 아이들과 우리나라 아이들의 기본적인 입장은 어느 정도 차이가 있습니다. 우리 아이들의 경우 공부의 목적이 '좋은 대학'이나 '성공'인 것에 비해 미국 아이들은 '재미있어서', 혹은 '내가 좋아하는 분야라서'라는 대답이 더 많은 비중을 차지하곤 하죠. 전자는 필요해서 하는 것이고, 그 필요를 유지하기 위해 흥미를 만들어 내는 것이라면 후자는 흥미가 먼저이고, 그래서 지속성이 자연스럽게 따라가는 것입니다.

    세계적으로 우리나라 아이들의 중, 고등학교 학력수준은 상위권인 데 비해 대학생의 실력은 많이 뒤처지는 편입니다. 반면에 중, 고등학교 때의 성적은 그다지 눈에 띄지 않았지만 배우고 알아 가는 재미로 꾸준히 공부해 온 미국 아이들의 경우, 대학생이 되어 비로소 자신의 지식을 실제 현실에 응용해 가며 그 결실을 맺기 시작하는 것이죠.

    좋은 대학은 결코 공부의 목적이 될 수 없습니다. 공부란 결국 아이가 사회에 나가 자신의 능력을 발휘하게 될 기본 거름이죠. 어른이나 아이 모두 재미있고 즐거운 일을 하기를 원하고 또 그러한 일을 할 때 더 오랫동안 유지할 수 있을 것입니다.

    재미있게 상호작용하려면 때로는 과장된 표현이 필요합니다. 예를 들어 아이와 눈이 마주칠 때마다 동그랗게 부릅뜨고 입을 크게 벌려 보세요. 또 말투도 평소보다 한 톤 높여서 마치 연기하듯이 바꿔 보세요. 가령 '밥 먹었니', '아이 잘했어', '그렇게 하면 안 되지' 같은 흔한 말들도 각각 서로 다른 톤으로 표현해 보세요. '밥 먹었니', '옷 입자' 등과 같이 일상적인 말투를 기준으로 한다면, '아이 잘했어', '와! 재미있겠다!' 등과 같은 흥분된 표현은 한 옥타브 높여 보는 겁니다. 한편 '안돼!'처럼 제지를 나타내는 말투는 한 톤 낮추어 이것이 지금 훈계라는 것을 인식할 수 있도록 합니다. 격려할 때는 아이들이 지금 격려받고 있다는 것을 속으로만 생각하지 말고 겉으로도 좀 더 강조해서 표현해 준다면 아이들은 자신이 해낸 것에 대해 '정말 그렇게 대단한가?'라며 으쓱해지며 자신감을 가지게 될 것입니다. 간단한 요령이지만 아이에게 미치는 영향은 매우 큽니다.

다섯 살 원준이는 장난감 자동차나 조작하는 놀이를 아주 좋아합니다. 중학교 교사인 엄마는 현재 휴직 중인데, 평소 원준이가 너무 고집스럽다며 걱정합니다. 뭔가를 가르치려고 할 때마다 아이가 주의집중도 하지 않고 제 고집대로만 한다는 것이죠. 평소에 아이가 놀이를 할 때만큼은 아주 활기차고 적극적이라서 엄마는 놀이를 좀 더 학습 형태로 전환시키고 싶었습니다. 그러다 보니 놀이 중간에 엄마가 개입해서 자꾸 가르치려 했죠. 그런데 원준이 입장에서는 엄마의 가르침이 오히려 놀이를 확장하기보다는 방해하는 것처럼 느껴진 모양입니다.

일단 엄마가 가르쳐 주는 것을 조금만 집중해서 듣는다면 다음 단계로 나아가는 데 훨씬 도움이 될 텐데도 원준이는 한사코 엄마의 도움을 거절하는 것이었습니다.

오늘도 원준이는 제일 좋아하는 덤프트럭 장난감에다 짐을 싣고 나르며 신나게 놀고 있습니다.

원준 : 붕~ 빵빵~ 벽돌 싣고 가야지.

엄마 : 어디로 가는데?

원준 : 공사장이요.

엄마 : 공사장에는 벽돌이 얼마나 필요할까?

원준 : 아주 많이요.

엄마 : 그럼 더 많이 싣고 가야지.

원준 : (트럭에 종이 벽돌을 높이 쌓고 구석에 더 끼워 넣으며) 많이 싣고 갈 거예요.

엄마 : 아니, 그렇게 말고, 벽돌 다 내려 봐. 이렇게 하면 더 많이 실을 수 있어.

원준 : (자기가 애써서 실은 벽돌에 엄마가 손을 대자마자) 내가 할 거야. 엄마 하지 마!

엄마 : 또 고집 부린다. 엄마가 가르쳐 주는 대로 하면 더 많이 실을 수 있다니까 그러네.

아이는 자기 의도대로 놀이를 계획하고 실행해 가며 즐거워하는데, 엄마가 자꾸 다른 것을 가르치려 하다 보니 놀이가 자꾸 끊어지죠? 원준이가 짜증낼 만도 합니다. 자, 그럼 이제 방법을 조금 바꿔 볼까요?

원준이는 지금 블록으로 놀이터를 만들고 있습니다.

원준 : 놀이터 만들어야지.

엄마 : 그래? 그럼 원준이는 원준이 거 만들어. 엄마도 엄마 놀이터 만들게.

원준 : (엄마 놀이터를 힐끗힐끗 쳐다보며) 어떤 놀이터 만들 거야?

엄마 : 음~ 아직 생각 중이야. 멋지게 만들어야지.

원준 : 나는 미끄럼틀, 그네, 시소, 정글짐 많이 만들 거야.

엄마 : 그래? 그럼 엄마는 미끄럼틀하고 그네, 시소, 정글짐에다가 또 뭘 만들까? 음! 좋았어, 동굴을 만들어야지!

원준 : 어떤 동굴?

엄마 : 이따가 엄마가 만드는 거 보면 알 거야.

원준 : 동굴부터 만들어 봐, 어떻게 하나 좀 보게.

엄마 : (곡선블록으로 동굴을 만들며 혼잣말로) 동굴을 하나 더 만들까?

원준 : (바닥에 있는 또 다른 곡선블록을 재빨리 집으며) 하나만 만들어. 나도 이런 블록 필요하단 말이야.

엄마 : 너도 동굴 만들게?

원준 : (블록들 사이에 곡선 블록을 찾아 챙기며) 응, 나도 동굴 만들 생각이었어. 이런 블록이 더 있어야 되는데…….

놀이의 풍경이 꽤 달라졌죠? 비로소 엄마는 가르치려고 하기보다는 그저 같은 수준으로 친구처럼 함께 놀 때 아이의 경계심이 많이 줄어든다는 사실을 알게 된 것입니다. 아이에게는 '가르치는 사람'이 아니라 '놀이 친구'가 필요합니다. 엄마가 그런 친구 역할을 하게 될 때 아이는 점점 엄마의 제안에 관심을 기울이게 되죠.

자기조절 능력을 키우기 위해
아이의 성향에 맞춰 기대하기

아이의 타고난 성향을 쉽게 바꿀 수 있을까요? 어른들도 각자 저마다의 성격이 있는데 어디 쉽게 바꿀 수 있던가요?

아이의 타고난 기질이나 성향을 바꾸기 위해 고군분투하는 것은 정말 길고 고단할 뿐만 아니라 성공 가능성도 희박합니다. 이런 똑같은 반복을 얼마나 계속해 왔나요? 언제까지 해답 없는 실랑이를 계속할 건가요? 이제 그만두세요. 오히려 아이의 모든 것을 인정하고 미리 대응하며 맞춰 주도록 하세요. 그리고 아이가 스스로 자신의 행동을 조율해 나갈 수 있다고 믿어 보세요. 그럼 결국 아이와 '대화'하며 소통할 수 있는 기회가 찾아올 겁니다.

초등학교 1학년인 주연이는 자기주장도 강하고 매사에 아주 적극적인 아이입니다. 그런데 엄마는 생활계획표나 일정표를 철저하게 지키도록 강요하거나 아이를 자꾸 재촉하는 편이었죠. 주연이는 단짝 친구 가은이와 노는 것을 너무 좋아하는데 엄마는 어떤 상황이건 숙제부터 하는 습관을 들이게 하고 싶었습니다. 하지만 주연이 성격에 엄마의 '꽉 짜인' 요구가 제대로 먹힐 리가 없겠죠? 결국 두 모녀는 매일매일 힘겨루기를 해야 했습니다.

그런데 주연이 입장에서 보면 엄마와의 약속이란 게 사실 함께 합의한 것이 아니라 엄마 쪽에서 일방적으로 만들어 낸 것이었습니다. 숙제를 먼저 해야 한다거나 4시까지는 집에 들어와야 한다는 규칙도 엄마가 정한 것이었죠.

오늘도 주연이는 학교에서 들어오자마자 가방을 던져놓고 현관문을 나섭니다.

"엄마, 가은이네 가서 놀다 올게요."

"숙제부터 하고 놀아야지. 엄마랑 약속했잖니?"

"조금만 놀다 올게요. 가은이하고 약속했단 말이에요."

"너 어제도 밤늦게 숙제하면서 짜증냈잖아. 숙제부터 하고 놀면 얼마나 좋아?"

"오늘은 정말 짜증 안 낼게요."

"그럼 4시까지는 꼭 와야 한다. 어제처럼 5시 넘어서 오면 혼난다."

알았지?"

"네."

하지만 주연이는 오늘도 5시가 넘어서 돌아왔습니다. 엄마는 화가 잔뜩 났죠.

"지금 몇 시니? 자꾸 약속 안 지킬래? 숙제보다 친구하고 노는 게 더 중요해? 오늘은 엄마가 그냥 넘어가지 않겠어!"

"죄송해요. 다음부터 안 그럴게요."

"너 다음부터 안 그런다고 한 게 벌써 몇 번째야? 엄마는 이제 너 못 믿겠어."

아이가 엄마에게 왜 그래야 하는지 묻지 않으니 엄마 역시 왜 꼭 그래야만 하는지 전혀 고민하고 못하고 있습니다. 어쩌면 아이는 엄마와의 약속을 잘 지키지 못하는 자신을 '제멋대로인 아이', 혹은 '놀기만 좋아하는 아이'로 생각하고 있을지도 모릅니다.

이른 아침부터 학교에서 딱딱한 의자에 앉아 수업을 받고 돌아오면 당연히 쉬고 싶고, 친구와 놀고 싶겠죠. 정말 죽도록 공부하고 싶어 하거나 숙제 강박증인 아이가 아닌 이상 놀고 싶은 것은 너무도 당연한 현상입니다. 아마 주연이 엄마도 이 사실을 전혀 모르지 않았을 겁니다. 그래서 이번에는 아이에게 언제 놀고, 언제 숙제할지 스스로 정하도록 해보았습니다.

주연이는 학교에서 돌아오자마자 엄마 눈치를 살핍니다.

"주연이, 오늘 친구랑 만나기로 약속했니?"

엄마가 묻자 주연이는 계속 눈치를 살피며 말합니다.

"약속은 안 했는데요. 일단 숙제부터 해야 되겠죠?"

"숙제 많아? 어디 알림장 좀 볼까?"

엄마는 정말 편안한 마음으로 알림장을 봅니다.

"숙제가 많지는 않구나. 자 어떻게 할지 생각해 보렴. 노는 것도 주연이가, 숙제하는 것도 주연이가 정하는 거야. 뭐부터 할래?"

"정말 맘대로 해도 돼요?"

"그럼, 이제부터는 주연이가 직접 결정하는 거야."

"그럼……, 우선 가은이하고 놀고 와서 숙제할게요."

"그래? 몇 시까지 올 거니?"

"음, 4시는 너무 빠르고……, 4시 반까지 올게요."

"좋아, 그럼 4시 반까지 와서 숙제하는 걸로 네가 정한 거야."

"네!"

주연이는 신나게 밖으로 나갑니다.

그리고 4시 반이 약간 지나자 헐레벌떡 돌아왔습니다.

"엄마, 더 놀고 싶었지만 약속 지켜야 되니까 꾹 참고 왔어요. 잘 했죠? 이제 손 씻고 숙제할게요."

그리고 다음 날 주연이는 학교에서 돌아왔더니 '놀기'와 '숙제'의

순서를 스스로 바꾸었습니다. 먼저 숙제부터 한 다음 가은이네 집으로 달려간 것입니다. 또 어느 날은 가은이에게 숙제를 가지고 오라고 하더니 둘이서 즐겁게 숙제를 하기도 했죠.

어째서 주연이는 놀고 싶은 걸 '꾹 참고' 달려왔을까요? 엄마가 그렇게 강요할 때는 매번 어기기만 하다가 왜 갑자기 약속의 소중함을 알게 됐을까요? 또 '놀기'와 '숙제'의 순서를 바꾸거나 친구와 함께 숙제하는 즐거움까지 터득하게 됐을까요?

엄마가 주연이에게 한 것이라고는 '스스로 결정해 보라'는 한 마디뿐이었습니다. 그런데 이 한 마디가 이토록 커다란 변화를 불러온 것이죠. 물론 이 과정에서 엄마는 스스로 참 많은 노력을 해야 했을 겁니다. 당장이라도 '숙제부터 해!'라고 소리치고 싶은 욕구를 꾹꾹 참고 아이의 주도성이 발휘될 때까지 기다려 준다는 것은 쉬운 일이 아니죠. 하지만 어려운 만큼 그 효과는 놀랍고도 가치 있는 것입니다.

이제 주연이의 관심사는 '어떻게 엄마를 설득해서 좀 더 놀 수 있을까'가 아니라 '자신의 일과를 어떻게 정하고 순서를 어떻게 배열하는 것이 더 효과적인지 시험하는 것'이 되었습니다. 좀 더 거창하게 말하면 '엄마의 고용인'이 아니라 스스로 '자기 생활의 경영자'가 되어 가고 있는 것이죠.

반응적 부모 자가 테스트

 ## 나는 잘 반응하는 부모일까?

객관적인 시선으로 '부모로서의 나'는 어떤 사람인지 확인하는 시간을 가져 보세요.

- ☐ 나는 아이와 놀이할 때 자주 신체적 접촉을 하고 눈을 맞춘다.
- ☐ 나는 아이에게 한번 반응한 다음 아이의 반응을 기다린다.
- ☐ 나는 아이가 흥미로워하는 방식대로 의사표현하고 활동한다.
- ☐ 나는 아이가 현재 하고 있는 주제에 맞는 활동을 확장하여 반응한다.
- ☐ 나는 아이의 비의도적인 발성, 행동, 의도에도 즉각적으로 반응해 준다.
- ☐ 나는 아이에게 스스로 선택할 기회를 준다.
- ☐ 나는 아이의 행동과 의사소통을 그대로 모방하며 반응한다.
- ☐ 나는 아이가 주도하는 것에 따르고, 아이가 즐거워하는 활동을 반복한다.
- ☐ 아이는 나를 자신의 놀이에 끌어들이는 행동이나 언어적 표현을 한다.
- ☐ 나는 아이의 발달수준에 적합한 길이와 복잡한 정도로 말하고 행동한다.

나는 어떤 유형의 부모일까?

연기자형 부모

부모는 아이에게 열성을 다해 "이것 보세요, 짜잔, 이렇게 하는 거예요" 하며 준비한 시연을 보여 주고 아이의 수준에서는 이루지 못할 신기한 퍼포먼스를 연출한다면, 아이는 흥미진진하게 부모의 공연(?)을 관람할 수 있다. 그러나 아이가 참여하는 경험을 가지지 못한다면, 배울 기회조차 가지지 못하는 것이다.

감독자형 부모

부모가 주도해서 "자 이렇게 하세요, 다음에는 이것 놓으세요, 아니 이렇게 하는 거예요" 하며 아이의 놀이를 기획하고 연출한다면 아이는 관심을 잃게 된다. 때때로 부모는 아이가 어리고 잘 모르기 때문에 가르쳐 주고 알려 주어야 한다고 생각하지만, 아이는 자신이 능동적으로 선택하고 참여하지 않는 것에 집중하지 않는다. 집중하지 않은 정보는 우리 머릿속에 저장하는 진입로를 차단하는 것이다.

리포터형 부모

아이가 수도꼭지를 보고 "슈~"라고 한마디를 하거나 "이거 뭐야?"라는 질문을 할 때, 부모가 "응, 수도에서 물이 나오지~, 그리고 불을 켜면 지글지글 소리가 나지"라며 상황을 자세히 설명해 준다면 아이는 자신이 주도할 기회를 놓쳐 버린다. 상호작용은 하나 주고 하나 받는 것이다. 내가 한마디 하면 상대도 한마디로 대답해 줄 때 상호 호혜적인 상호관계가 만들어진다. 학습과 대화는 상호작용 속에서 발전해 간다.

우리 아이가 관심 있어 하는 활동은 무엇일까?

아이가 일상에서 놀이하는 모습을 5~10분간 관찰하면서, 아이가 하는 행동이나 5초 이상 응시하는 것을 적어 보세요. 가능하다면 5~10분간 비디오 촬영하여 녹화된 장면을 보면서 목록을 만들면, 보다 효과적으로 아이의 행동을 진술할 수 있어요.

◆ 아이가 관심 있는 행동 찾기
  : 아이가 5초 이상 쳐다보거나 주로 하는 활동(놀이)은 무엇인가요?
  (예: 미니카, 블록놀이 등)

◆ 구체적으로 어떻게 하며 노나요?
 (예: 미니카를 색깔별로 정리하기를 좋아한다. 블록으로 구획을 만든다.)

◆ 우리 아이의 흥미와 관심에 대해 설명해 보세요.
 : 아이가 관심 있어 하는 행동 종류, 놀이 패턴은?

나는 아이와 시소처럼 주고받는 상호작용을 하고 있을까?

- ☐ 아이는 얼마 안 가서 나를 떠나 다른 곳으로 가서 혼자 논다.
- ☐ 아이가 놀면서, 말을 많이 안 하는 것 같다. 그래서 내가 더 말을 많이 하게 된다.
- ☐ 나는 자주 '이리 와'라며 아이를 붙잡아 두려 한다.
- ☐ 사실 억지로 작정해서 놀아 준다.(아이와 노는 것이 재미있지는 않다.)
- ☐ 아이가 반응할 때까지 같은 말을 여러 번 반복한다.(예: 이렇게, 해봐, 얼른)
- ☐ 아이가 하는 말의 양보다 내 말의 양(문장 길이, 말 수)이 더 많다.

우리 아이는 스스로 계획하고 이끄는 주도적인 아이일까? 시켜야만 하는 위축된 아이일까?

- ☐ 부모와 놀이를 하거나 일상적인 어떤 일을 하며 오랫동안 머물러 있지 못한다.
- ☐ 부모와 함께할 때 자신이 먼저 무엇을 할 것인지 선택하는 일이 거의 없다.
- ☐ 아이가 놀이 중에 스스로 선택하여 가지고 노는 장난감이나 교구의 종류가 단순하고 몇 개 안된다.
- ☐ 어려운 문제에 부딪치면 쉽게 포기한다.
- ☐ 아이는 장난감이나 새로운 것에 호기심과 관심이 없어 보인다.
- ☐ 아이는 엄마와는 잘 놀지만 또래와는 잘 어울리지 못한다.
- ☐ 아이는 자신이 원하는 것을 먼저 말하기보다는 부모가 지시하는 것을 하는 경우가 더 많다.
- ☐ 부모가 어떤 것을 하자고 요청하는 것에 한 번에 대답하는 경우가 드물다.
- ☐ 자주 심하게 짜증을 낸다.

나는 반응적인 훈육을 하고 있을까?

◆ 아이의 바람직한 행동을 변화시키기 위해서는 부모와의 신뢰 있는 관계 형성이 선행되어야 해요. 아래 문항에 대해 체크가 많을수록 신뢰 있는 관계라고 볼 수 있어요.

- ☐ 나는 아이와 신뢰 있는 관계를 맺고 있는가?
- ☐ 아이의 발달 수준에 적합한 기대를 가지는가?
- ☐ 아이의 행동을 관찰하는가?
- ☐ 아이가 불안해하는 감정을 수용하고 위로해 주는가?
- ☐ 아이가 하는 행동이나 발성에 대해 즉각적으로 반응해 주는가?
- ☐ 아이가 하는 것을 의미 있는 것으로 가치 있게 여기는가?
- ☐ 일상에서 아이에게 먼저 선택할 기회를 자주 주는가?

◆ 아래 조건에 해당할 때 부모는 아이의 행동을 즉각적으로 제한할 수 있어요.

- ☐ 아이가 하는 것에 대해 훈육할 만한 행동인가?
- ☐ 현재의 행동이 아이의 안전 또는 안정을 해치고 있다.
- ☐ 가족과 사회의 규칙에 벗어나는 행동이다.
- ☐ 발달 수준에서 벗어나는 행동이다.

'반응육아법'에 대한 격려와 찬사의 메시지

반응육아법은 교사로서의 나를 돌아보면서 교육의 중심인 '아이'를 보게 해주었고, 관계를 깨트리지 않으면서 아이와 교사 모두가 편안한 교육을 하게 해주었다.
광성하늘빛학교장, 성정아

엄마의 힘과 능력이 아닌 엄마의 마음과 심장으로 아이를 키우게 돕는 프로그램
광성하늘빛학교, 김춘옥

그동안 잘 가르치고 있었다는 나의 생각이 완전히 바뀌었습니다. 반응육아법(RT)을 통해 행복해지는 아이와 부모를 직접 경험하며 RT는 이제 나의 소명이 되었습니다. RT는 제 인생의 터닝포인트가 되었습니다. 부모라면 누구나, 교사라면 누구나 RT를 배우고 경험해야 한다고 생각합니다. 행복한 부모와 아이를 위한 가장 큰 해답을 찾았습니다.
예은아동발달센터 원장, 박지혜

아이의 행동이 아니라 아이의 눈을 바라보았더니 아이의 세계가 보입니다. 이 책을 접하시는 모든 부모님들이 아이를 위해 무언가를 해주기보다는 아이의 관심과 흥미에 반응하는 엄마로 성장하시길 기대하겠습니다. 한국RT센터, 유성은

반응성 상호작용은 부모 또는 교사와 아이 사이에 긍정적 관계형성을 도와주어 자신감 있는 아이로 키워 주고, 아이의 잠재능력을 밖으로 드러나게 하는 힘이 있습니다.
아이다움유치원 원장, 임미선

좋은 엄마, 아빠가 되기는 참 어렵다는 생각을 많이 합니다. 15년 넘게 교육업계에 몸 담으면서 많은 이론교육을 받고, 강의도 하고, 상담도 했습니다. 올해 중2, 초3 두 아이의 엄마인 저도 막상 이론과 현실은 많이 다른 것을 절실하게 느낍니다. 반응육아법을 알게 되면서 왜 진작 알지 못했을까 하는 생각을 많이 했습니다.
하지만 큰 아이와 손을 잡는 것부터 시작했습니다. 처음엔 어색할 줄 알았는데 이젠 아이가 먼저 제 손을 꼭 잡고 잠들 때도 있습니다.
아이가 이끌고 부모는 따르는, 그리고 아이의 능력을 키워 줄 수 있는 마법과 같은 반응육아법을 만날 수 있게 해주셔서 너무 감사합니다. 한솔교육지점장, 윤성필

단 1, 2분의 기다림에 아이와의 신뢰가 쌓이고, 교사는 설레는 기다림과 반응을, 아이는 자신의 가능성을 표현하는 경험을 하게 되었습니다. 바른 시선과 마음을 가진 교사를 꿈꾸게 해주셔서 감사합니다. 한솔교육 핀더1기, 김성진

아이들이 즐겁게 웃는 게 무엇인지, 엄마 품에서 행복할 수 있다는 것이 무엇인지 알아가는 것 같습니다. 그 모습을 바라보는 제 얼굴에도 미소가 번지네요. 유치원교사 ○○○

나를 바라보고 웃지 않는 것이 아이의 장애 탓인 줄 알았습니다. 아무리 광대처럼 노력해도 나랑 놀지 않는 것이 아이의 한계라고 여겼습니다. 두 팔을 벌려도 안겨 오지 않는 것은 그 아이가 성격이 안 좋아서라고 쿨~한척 했습니다. RT를 하고 나서야 그런 것들이 다 나의 잘못된 방법 때문이었음을 깨달았습니다. RT를 시도하면서 아이들이 내게 안겨 오고, 마주보며, 웃고 손을 잡아끄는 행복을 누릴 수 있어서 너무 기쁩니다.
특수교사 ○○○

RT를 하고 나서 집중력 향상에 도움이 되고 스스로 문제를 해결하는 데 많은 도움이 되고 있습니다. 김○○ 엄마

아이와의 긍정적인 새로운 관계가 형성되고, 친밀감이 더 높아졌습니다. 부모의 입장이 아닌 아이의 입장에서 상황을 바라볼 수 있고, 더 이해할 수 있게 되었습니다.
강○○ 엄마

둘만의 시간을 가지면서 무너졌던 신뢰가 다시 형성되고, 엄마가 놀아 주지 못하면 먼저 요구하는 모습을 보면서 뿌듯했어요. 아이의 세계에 접어들기 시작하면서 아이의 입장을 더 생각하게 되고 이해도 되었습니다. 이○○ 엄마

아이와의 친밀감이 많이 좋아졌어요. 평소 일상생활에서도 아이의 입장을 먼저 생각해서 행동하게 되었어요. 정○○ 엄마

RT를 시작하면서 아이를 보는 눈, 이해하는 마음이 커지고, 아이의 입장에서 한 번 더 생각해 보는 긍정적인 마음이 생겼어요. 아이와 좀 더 친밀감이 형성되고 새로운 마음으로 시작하는 계기가 되었어요. 김○○ 엄마

블로그 수기

아이의 행동에 의미를 부여하고 '너의 행동은 가치 있고 의미 있는 행동이야'라며 받아 주니 아이가 달라졌답니다.

- 🧒 어린이집 등원거부가 없어졌어요. 씩씩하게 등원을 합니다.

- 🧒 바닥에 드러눕거나 주저앉아서 엄마를 당혹스럽게 만드는 행동이 줄어들었어요.

- 🧒 아이의 행동으로 정말 울고 싶을 정도로 속상하고 스트레스를 많이 받았어요. RT 중재를 한 뒤 집에서의 생활이 즐겁고 만족스러워 모든 일이 다 즐겁고 재미있어요!

- 🧒 이제껏 해왔던 육아나 훈육에 대한 잘못된 방법과 올바른 방법에 대해 잘 알 수 있었고, 아이와 나의 관계가 얼마나 육아에 중요한 것인지 다시 한 번 느낄 수 있었습니다.

- 🧒 육아에 대한 자신감 회복에 많은 도움이 되었습니다.

- 🧒 아이와 놀이를 할 때 집중을 안했어요. 아이의 놀이를 인정해 주고, 존중해 주니 아이와의 놀이가 더욱 즐거워졌어요.

- 🧒 아이의 정서가 잘 자라도록 하기 위해서는 아이와 상호작용을 잘 하는 것이 무엇보다 중요한 것 같아요.

- 🧒 아이를 파악하고 잘 반응해 주고, 아이를 웃기기도 하고, 대화를 하는 데 있어서 나만큼 잘 하는 사람은 없다는 양육에 대한 자신감이 더 생겼어요.

- 🧒 아이가 저를 신뢰해 주고 있다는 느낌을 받을 때가 많아요. 엄마와의 관계에서 안정감을 누리고 있다는 믿음이 더 커졌어요.

- 🧒 육아에 대한 스트레스는 더 감소되고 있고, 아이도 정서적으로 안정된 상태인 것 같다는 믿음이 생기니까 아이에 대한 불안감이 줄어들었어요.

- 🧒 반응성 상호작용을 배우고 나니 아이와 놀이하는 게 더 즐거워지고, 아이를 받아주는 여유로운 마음이 더 커지고, 저희 가정에 웃음이 더 많아졌어요.

- 🧒 자신에게 반응을 해주자 아이가 마음을 많이 여는 것 같더라고요. 반응성 상호작용이 그런 거예요. 아이가 주도하기보다 아이가 놀이를 주도하게 하는 것이에요.

🧒 부모교육을 통해서 반응육아법을 배우니 반응육아의 필요성을 알겠더라고요. 이번에 RT 중재를 받고 나서는 반응육아에 홀딱 반했어요.

🧒 반응육아를 하고 싶다면 아이와 키를 맞추고, 눈을 맞추고, 아이가 보는 걸 함께 보고, 아이 말도 따라 해보세요. 5분간만 이렇게 아이 세계로 들어가 보세요. 아마도 느낌이 올 거예요.

🧒 일상생활 속 자연스러운 상황에서 아이가 이미 할 수 있는 걸 지지해 주면 궁극적 발달을 촉진할 수 있어요.

🧒 우선 아이와 눈높이를 맞춰야 한다는 거, 아이의 눈길을 함께 따라가야 한다는 거예요. 아이 방식으로 놀이하고 대화를 하면서 아이의 흥미와 관심을 알아내는 게 아이의 잠재력을 위해선 가장 중요한 것 같아요.

가르치지 말고 반응하라

글 김정미 | 추천 제럴드 마호니

초판 1쇄 펴낸날 2015년 5월 8일 | 초판 6쇄 펴낸날 2021년 8월 12일
편집장 한해숙 | 편집 신경아 | 디자인 최성수, 최금옥
마케팅 박영준, 한지훈 | 온라인 마케팅 정보영 | 경영지원 김효순
펴낸이 조은희 | 펴낸곳 ㈜한솔수북 | 출판등록 제2013-000276호
주소 03996 서울시 마포구 월드컵로 96 영훈빌딩 5층
전화 02-2001-5823(편집), 02-2001-5828(영업) | 전송 02-2060-0108
전자우편 isoobook@eduhansol.co.kr | 블로그 blog.naver.com/hsoobook
페이스북 soobook2 | 인스타그램 soobook2
ISBN 979-11-85494-99-9 13590

※값은 뒤표지에 있습니다.
※이 도서의 국립중앙도서관 출판시도서목록(CIP)은 서지정보유통지원시스템 홈페이지(http://seoji.nl.go.kr)와
국가자료공동목록시스템(http://www.nl.go.kr/kolisnet)에서 이용하실 수 있습니다. (CIP제어번호: CIP2015011573)

 한솔수북의 모든 책은 아이의 눈, 엄마의 마음으로 만듭니다.